HUGO VON HOFMANNSTHAL

DER SCHWIERIGE
Lustspiel in drei Akten

DER UNBESTECHLICHE
Lustspiel in fünf Akten

FISCHER TASCHENBUCH VERLAG

Umschlagentwurf: Intergraphic
Unter Verwendung eines Szenenfotos aus »Der Schwierige«
in der Inszenierung der Salzburger Festspiele 1967.
Die Aufnahme zeigt O. W. Fischer in der Rolle des »Schwierigen«
(Foto: Pressebüro Salzburger Festspiele)

Fischer Taschenbuch Verlag

1.– 40. Tausend	Oktober 1958
41.– 52. Tausend	September 1960
53.– 65. Tausend	April 1962
66.– 77. Tausend	November 1963
78.– 90. Tausend	April 1965
91.– 96. Tausend	Februar 1967
97.–103. Tausend	Dezember 1967
104.–113. Tausend	Oktober 1968
114.–123. Tausend	Oktober 1969
124.–130. Tausend	Juni 1971
131.–135. Tausend	Juni 1972
136.–140. Tausend	April 1973
141.–145. Tausend	Juli 1974
146.–150. Tausend	Dezember 1974
151.–157. Tausend	August 1975
158.–162. Tausend	Oktober 1976
163.–170. Tausend	Oktober 1977
171.–175. Tausend	März 1979
176.–180. Tausend	Februar 1980
181.–185. Tausend	November 1980

Fischer Taschenbuch Verlag GmbH, Frankfurt am Main
Lizenzausgabe des S. Fischer Verlages, Frankfurt am Main
Copyright by Bermann Fischer Verlag A. B. Stockholm und
© 1956 S. Fischer Verlag, Frankfurt am Main
Gesamtherstellung: Hanseatische Druckanstalt GmbH, Hamburg
Printed in Germany
580-ISBN-3-596-27016-2

DER SCHWIERIGE

Lustspiel in drei Akten

PERSONEN

HANS KARL BÜHL

CRESCENCE, seine Schwester

STANI, ihr Sohn

HELENE ALTENWYL

ALTENWYL

ANTOINETTE HECHINGEN

HECHINGEN

NEUHOFF

EDINE
NANNI } Antoinettes Freundinnen
HUBERTA

AGATHE, Kammerjungfer

NEUGEBAUER, Sekretär

LUKAS, erster Diener bei Hans Karl

VINZENZ, ein neuer Diener

EIN BERÜHMTER MANN

Bühlsche und Altenwylsche Diener

ERSTER AKT

Mittelgroßer Raum eines Wiener älteren Stadtpalais, als Arbeitszimmer des Hausherrn eingerichtet

ERSTE SZENE

Lukas herein mit Vinzenz

LUKAS: Hier ist das sogenannte Arbeitszimmer. Verwandtschaft und sehr gute Freunde werden hier eingeführt, oder nur wenn speziell gesagt wird, in den grünen Salon.

VINZENZ *tritt ein*: Was arbeitet er? Majoratsverwaltung? Oder was? Politische Sachen?

LUKAS: Durch diese Spalettür kommt der Sekretär herein.

VINZENZ: Privatsekretär hat er auch? Das sind doch Hungerleider! Verfehlte Existenzen! Hat er bei ihm was zu sagen?

LUKAS: Hier gehts durch ins Toilettezimmer. Dort werden wir jetzt hineingehen und Smoking und Frack herrichten zur Auswahl je nachdem, weil nichts Spezielles angeordnet ist.

VINZENZ *schnüffelt an allen Möbeln herum*: Also was? Sie wollen mir jetzt den Dienst zeigen? Es hätte Zeit gehabt bis morgen früh, und wir hätten uns jetzt kollegial unterhalten können. Was eine Herrenbedienung ist, das ist mir seit vielen Jahren zum Bewußtsein gekommen, also beschränken Sie sich auf das Nötige; damit meine ich die Besonderheiten. Also was? Fangen Sie schon an!

LUKAS *richtet ein Bild, das nicht ganz gerade hängt*: Er kann kein Bild und keinen Spiegel schief hängen sehen. Wenn er anfängt, alle Laden aufzusperren oder einen verlegten Schlüssel zu suchen, dann ist er sehr schlechter Laune.

VINZENZ: Lassen Sie jetzt solche Lappalien. Sie haben mir doch gesagt, daß die Schwester und der Neffe, der hier im Hause wohnen, auch jedesmal angemeldet werden müssen.

LUKAS *putzt mit dem Taschentuch an einem Spiegel*: Genau wie jeder Besuch. Darauf hält er sehr streng.

VINZENZ: Was steckt da dahinter? Da will er sie sich vom Leibe halten. Warum läßt er sie dann hier wohnen? Er

wird doch mehrere Häuser haben? Das sind doch seine
Erben. Die wünschen doch seinen Tod.

LUKAS: Die Frau Gräfin Crescence und der Graf Stani? Ja,
da sei Gott vor! Ich weiß nicht, wie Sie mir vorkommen!

VINZENZ: Lassen Sie Ihre Ansichten. Was bezweckt er also,
wenn er die im Haus hat? Das interessiert mich. Nämlich:
es wirft ein Licht auf gewisse Absichten. Die muß ich kennen, bevor ich mich mit ihm einlasse.

LUKAS: Auf was für gewisse Absichten?

VINZENZ: Wiederholen Sie nicht meine Worte! Für mich
ist das eine ernste Sache. Konvenierendenfalls ist das hier
eine Unterbringung für mein Leben. Wenn Sie sich zurückgezogen haben als Verwalter, werde ich hier alles in
die Hand nehmen. Das Haus paßt mir eventuell soweit
nach allem, was ich höre. Aber ich will wissen, woran ich
bin. Wenn er sich die Verwandten da ins Haus setzt, heißt
das soviel als: er will ein neues Leben anfangen. Bei seinem Alter und nach der Kriegszeit ist das ganz erklärlich.
Wenn man einmal die geschlagene Vierzig auf dem Rük-
ken hat. —

LUKAS: Der Erlaucht vierzigste Geburtstag ist kommendes
Jahr.

VINZENZ: Kurz und gut, er will ein Ende machen mit den
Weibergeschichten. Er hat genug von den Spanponaden.

LUKAS: Ich verstehe Ihr Gewäsch nicht.

VINZENZ: Aber natürlich verstehen Sie mich ganz gut, Sie
Herr Schätz. — Es stimmt das insofern mit dem überein,
was mir die Portierin erzählt hat. Jetzt kommt alles darauf
an: geht er mit der Absicht um, zu heiraten? In diesem
Fall kommt eine legitime Weiberwirtschaft ins Haus, was
hab ich da zu suchen? — Oder er will sein Leben als Junggeselle mit mir beschließen! Äußern Sie mir also darüber
Ihre Vermutungen. Das ist der Punkt, der für mich der
Hauptpunkt ist, nämlich.

Lukas räuspert sich.

VINZENZ: Was erschrecken Sie mich?

LUKAS: Er steht manchmal im Zimmer, ohne daß man ihn
gehen hört.

VINZENZ: Was bezweckt er damit? Will er einen hinein-
legen? Ist er überhaupt so heimtückisch?

8

LUKAS: In diesem Fall haben Sie lautlos zu verschwinden.

VINZENZ: Das sind mir ekelhafte Gewohnheiten. Die werde ich ihm zeitig abgewöhnen.

ZWEITE SZENE

HANS KARL *ist leise eingetreten*: Bleiben Sie nur, Lukas. Sind Sies, Neugebauer?

Vinzenz steht seitwärts im Dunkeln.

LUKAS: Erlaucht melde untertänigst, das ist der neue Diener, der vier Jahre beim Durchlaucht Fürst Palm war.

HANS KARL: Machen Sie nur weiter mit ihm. Der Herr Neugebauer soll herüberkommen mit den Akten, betreffend Hohenbühl. Im übrigen bin ich für niemand zu Hause.

Man hört eine Glocke.

LUKAS: Das ist die Glocke vom kleinen Vorzimmer. *Geht.*

Vinzenz bleibt. Hans Karl ist an den Schreibtisch getreten.

DRITTE SZENE

LUKAS *tritt ein und meldet.* Frau Gräfin Freudenberg.

Crescence ist gleich nach ihm eingetreten. Lukas tritt ab, Vinzenz ebenfalls.

CRESCENCE: Stört man dich, Kari? Pardon —

HANS KARL: Aber, meine gute Crescence.

CRESCENCE: Ich geh hinauf, mich anziehen — für die Soiree.

HANS KARL: Bei Altenwyls?

CRESCENCE: Du erscheinst doch auch? Oder nicht? Ich möchte nur wissen, mein Lieber.

HANS KARL: Wenns dir gleich gewesen wäre, hätte ich mich eventuell später entschlossen und vom Kasino aus eventuell abtelephoniert. Du weißt, ich binde mich so ungern.

CRESCENCE: Ah ja.

HANS KARL: Aber wenn du auf mich gezählt hättest —

CRESCENCE: Mein lieber Kari, ich bin alt genug, um allein nach Hause zu fahren — überdies kommt der Stani hin und holt mich ab. Also du kommst nicht?

HANS KARL: Ich hätt mirs gern noch überlegt.

9

CRESCENCE: Eine Soiree wird nicht attraktiver, wenn man über sie nachdenkt, mein Lieber. Und dann hab ich geglaubt, du hast dir draußen das viele Nachdenken ein bißl abgewöhnt.

Setzt sich zu ihm, der beim Schreibtisch steht.

Sei Er gut, Kari, hab Er das nicht mehr, dieses Unleidliche, Sprunghafte, Entschlußlose, daß man sich hat aufs Messer streiten müssen mit Seinen Freunden, weil der eine Ihn einen Hypochonder nennt, der andere einen Spielverderber, der dritte einen Menschen, auf den man sich nicht verlassen kann. — Du bist in einer so ausgezeichneten Verfassung zurückgekommen, jetzt bist du wieder so, wie du mit zweiundzwanzig Jahren warst, wo ich beinah verliebt war in meinen Bruder.

HANS KARL: Meine gute Crescence, machst du mir Komplimente?

CRESCENCE: Aber nein, ich sags, wie's ist: da ist der Stani ein unbestechlicher Richter; er findet dich einfach den ersten Herrn in der großen Welt, bei ihm heißts jetzt Onkel Kari hin, Onkel Kari her, man kann ihm kein größeres Kompliment machen, als daß er dir ähnlich sieht, und das tut er ja auch — in den Bewegungen ist er ja dein zweites Selbst —, er kennt nichts Eleganteres als die Art, wie du die Menschen behandelst, das große air, die distance, die du allen Leuten gibst — dabei die komplette Gleichmäßigkeit und Bonhomie auch gegen den Niedrigsten — aber er hat natürlich, wie ich auch, deine Schwächen heraus; er adoriert den Entschluß, die Kraft, das Definitive, er haßt den Wiegel-Wagel, darin ist er wie ich!

HANS KARL: Ich gratulier dir zu deinem Sohn, Crescence. Ich bin sicher, daß du immer viel Freud an ihm erleben wirst.

CRESCENCE: Aber — pour revenir à nos moutons, Herr Gott, wenn man durchgemacht hat, was du durchgemacht hast, und sich dabei benommen hat, als wenn es nichts wäre —

HANS KARL *geniert*: Das hat doch jeder getan!

CRESCENCE: Ah, pardon, jeder nicht. Aber da hätte ich doch geglaubt, daß man seine Hypochondrien überwunden haben könnte!

HANS KARL: Die vor den Leuten in einem Salon hab ich halt noch immer. Eine Soiree ist mir ein Graus, ich kann mir halt nicht helfen. Ich begreife noch allenfalls, daß sich Leute finden, die ein Haus machen, aber nicht, daß es welche gibt, die hingehen.

CRESCENCE: Also wovor fürchtest du dich? Das muß sich doch diskutieren lassen. Langweilen dich die alten Leut?

HANS KARL: Ah, die sind ja charmant, die sind so artig.

CRESCENCE: Oder gehen dir die Jungen auf die Nerven?

HANS KARL: Gegen die hab ich gar nichts. Aber die Sache selber ist mir halt so eine horreur, weißt du, das Ganze — das Ganze ist so ein unentwirrbarer Knäuel von Mißverständnissen. Ah, diese chronischen Mißverständnisse!

CRESCENCE: Nach allem, was du draußen durchgemacht hast, ist mir das eben unbegreiflich, daß man da nicht abgehärtet ist.

HANS KARL: Crescence, das macht einen ja nicht weniger empfindlich, sondern mehr. Wieso verstehst du das nicht? Mir können über eine Dummheit die Tränen in die Augen kommen — oder es wird mir heiß vor gêne über eine ganze Kleinigkeit, über eine Nuance, die kein Mensch merkt, oder es passiert mir, daß ich ganz laut sag, was ich mir denk — das sind doch unmögliche Zuständ, um unter Leut zu gehen. Ich kann dir gar nicht definieren, aber es ist stärker als ich. Aufrichtig gestanden: ich habe vor zwei Stunden Auftrag gegeben, bei Altenwyls abzusagen. Vielleicht eine andere Soiree, nächstens, aber die nicht.

CRESCENCE: Die nicht. Also warum grad die nicht?

HANS KARL: Es ist stärker als ich, so ganz im allgemeinen.

CRESCENCE: Wenn du sagst, im allgemeinen, so meinst du was Spezielles.

HANS KARL: Nicht die Spur, Crescence.

CRESCENCE: Natürlich. Aha. Also, in diesem Punkt kann ich dich beruhigen.

HANS KARL: In welchem Punkt?

CRESCENCE: Was die Helen betrifft.

HANS KARL: Wie kommst du auf die Helen?

CRESCENCE: Mein Lieber, ich bin weder taub noch blind, und daß die Helen von ihrem fünfzehnten Lebensjahr an bis vor kurzem, na, sagen wir, bis ins zweite Kriegsjahr, in dich verliebt war bis über die Ohren, dafür hab ich meine Indizien, erstens, zweitens und drittens.

HANS KARL: Aber Crescence, da redest du dir etwas ein —

CRESCENCE: Weißt du, daß ich mir früher, so vor drei, vier Jahren, wie sie eine ganz junge Debütantin war, eingebildet hab, das wär die eine Person auf der Welt, die dich fixieren könnt, die deine Frau werden könnt. Aber ich bin zu Tode froh, daß es nicht so gekommen ist. Zwei so komplizierte Menschen, das tut kein gut.

HANS KARL: Du tust mir zuviel Ehre an. Ich bin der unkomplizierteste Mensch der Welt.

Er hat eine Lade am Schreibtisch herausgezogen.
Aber ich weiß gar nicht, wie du auf die Idee — ich bin der Helen attachiert, sie ist doch eine Art von Kusine, ich hab sie so klein gekannt — sie könnte meine Tochter sein.
Sucht in der Lade nach etwas.

CRESCENCE: Meine schon eher. Aber ich möcht sie nicht als Tochter. Und ich möcht erst recht nicht diesen Baron Neuhoff als Schwiegersohn.

HANS KARL: Den Neuhoff? Ist das eine so ernste Geschichte?

CRESCENCE: Sie wird ihn heiraten.

Hans Karl stößt die Lade zu.

CRESCENCE: Ich betrachte es als vollzogene Tatsache, dem zu Trotz, daß er ein wildfremder Mensch ist, dahergeschneit aus irgendeiner Ostseeprovinz, wo sich die Wölf gute Nacht sagen —

HANS KARL: Geographie war nie deine Stärke. Crescence, die Neuhoffs sind eine holsteinische Familie.

CRESCENCE: Aber das ist doch ganz gleich. Kurz, wildfremde Leut.

HANS KARL: Übrigens eine ganz erste Familie. So gut alliiert, als man überhaupt sein kann.

CRESCENCE: Aber, ich bitt dich, das steht im Gotha. Wer kann denn das von hier aus kontrollieren?

HANS KARL: Du bist aber sehr acharniert gegen den Menschen.

CRESCENCE: Es ist aber auch danach! Wenn eins der ersten Mädeln, wie die Helen, sich auf einem wildfremden Menschen entêtiert, dem zu Trotz, daß er hier in seinem Leben keine Position haben wird —

HANS KARL: Glaubst du?

CRESCENCE: In seinem Leben! dem zu Trotz, daß sie sich

aus seiner Suada nichts macht, kurz, sich und der Welt zu
Trotz —
*Eine kleine Pause. Hans Karl zieht mit einiger Heftigkeit
eine andere Lade heraus.*

CRESCENCE: Kann ich dir suchen helfen? Du enervierst dich

HANS KARL: Ich dank dir tausendmal, ich such eigentlich gar
nichts, ich hab den falschen Schlüssel hineingesteckt.

SEKRETÄR *erscheint an der kleinen Tür*: Oh, ich bitte untertänigst um Verzeihung.

HANS KARL: Ein bissel später bin ich frei, lieber Neugebauer.
Sekretär zieht sich zurück.

CRESCENCE *tritt an den Tisch*: Kari, wenn dir nur ein ganz
kleiner Gefallen damit geschieht, so hintertreib ich diese
Geschichte.

HANS KARL: Was für eine Geschichte?

CRESCENCE: Die, von der wir sprechen: Helen—Neuhoff. Ich
hintertreib sie von heut auf morgen.

HANS KARL: Was?

CRESCENCE: Ich nehm Gift darauf, daß sie heute noch genau
so verliebt in dich ist wie vor sechs Jahren, und daß es nur
ein Wort, nur den Schatten einer Andeutung braucht —

HANS KARL: Die ich dich um Gottes willen nicht zu machen
bitte —

CRESCENCE: Ah so, bitte sehr. Auch gut.

HANS KARL: Meine Liebe, allen Respekt vor deiner ener-
gischen Art, aber so einfach sind doch gottlob die Menschen nicht.

CRESCENCE: Mein Lieber, die Menschen sind gottlob sehr einfach, wenn man sie einfach nimmt. Ich seh also, daß diese
Nachricht kein großer Schlag für dich ist. Um so besser —
du hast dich von der Helen desinteressiert, ich nehm das
zur Kenntnis.

HANS KARL *aufstehend*: Aber ich weiß nicht, wie du nur auf
den Gedanken kommst, daß ich es nötig gehabt hätt, mich
zu desinteressieren. Haben denn andere Personen auch diese
bizarren Gedanken?

CRESCENCE: Sehr wahrscheinlich.

HANS KARL: Weißt du, daß mir das direkt Lust macht, hin-
zugehen?

CRESCENCE: Und dem Theophil deinen Segen zu geben? Er

13

wird entzückt sein. Er wird die größten Bassessen machen,
um deine Intimität zu erwerben.

HANS KARL: Findest du nicht, daß es sehr richtig gewesen
wäre, wenn ich mich unter diesen Umständen schon längst
bei Altenwyls gezeigt hätte? Es tut mir außerordentlich
leid, daß ich abgesagt habe.

CRESCENCE: Also laß wieder anrufen: es war ein Mißverständnis durch einen neuen Diener und du wirst kommen.
Lukas tritt ein.

HANS KARL *zu Crescence*: Weißt du, ich möchte es doch noch
überlegen.

LUKAS: Ich hätte für später untertänigst jemanden anzumel-
den.

CRESCENCE *zu Lukas*: Ich geh. Telephonieren Sie schnell zum
Grafen Altenwyl, Seine Erlaucht würden heut abend dort
erscheinen. Es war ein Mißverständnis.
Lukas sieht Hans Karl an.

HANS KARL *ohne Lukas anzusehen*: Da müßt er allerdings
auch noch vorher ins Kasino telephonieren, ich laß den
Grafen Hechingen bitten, zum Diner und auch nachher
nicht auf mich zu warten.

CRESCENCE: Natürlich, das macht er gleich. Aber zuerst zum
Grafen Altenwyl, damit die Leut wissen, woran sie sind.
Lukas ab.

CRESCENCE *steht auf*: So, und jetzt laß ich dich deinen Ge-
schäften.
Im Gehen
Mit welchem Hechingen warst du besprochen? Mit dem
Nandi?

HANS KARL: Nein, mit dem Adolf.

CRESCENCE *kommt zurück*: Der Antoinette ihrem Mann? Ist
er nicht ein kompletter Dummkopf?

HANS KARL: Weißt du, Crescence, darüber hab ich gar kein
Urteil. Mir kommt bei Konversationen auf die Länge alles
sogenannte Gescheite dumm und noch eher das Dumme
gescheit vor —

CRESCENCE: Und ich bin von vornherein überzeugt, daß an
ihm mehr ist als an ihr.

HANS KARL: Weißt du, ich hab ihn ja früher gar nicht gekannt, oder —

Er hat sich gegen die Wand gewendet und richtet an einem Bild, das nicht gerade hängt.

nur als Mann seiner Frau — und dann draußen, da haben wir uns miteinander angefreundet. Weißt du, er ist ein so völlig anständiger Mensch. Wir waren miteinander, im Winter Fünfzehn, zwanzig Wochen in der Stellung in den Waldkarpathen, ich mit meinen Schützen und er mit seinen Pionieren, und wir haben das letzte Stückl Brot miteinander geteilt. Ich hab sehr viel Respekt vor ihm bekommen. Brave Menschen hats draußen viele gegeben, aber ich habe nie einen gesehen, der vis-à-vis dem Tod sich eine solche Ruhe bewahrt hätte, beinahe eine Art Behaglichkeit.

CRESCENCE: Wenn dich seine Verwandten reden hören könnten, die würden dich umarmen. So geh hin zu dieser Närrin und versöhn sie mit dem Menschen, du machst zwei Familien glücklich. Diese ewig in der Luft hängende Idee einer Scheidung oder Trennung, ghupft wie gsprungen, geht ja allen auf die Nerven. Und außerdem wär es für dich selbst gut, wenn die Geschichte in eine Form käme.

HANS KARL: Inwiefern das?

CRESCENCE: Also, damit ich dirs sage: es gibt Leut, die den ungereimten Gedanken aussprechen, wenn die Ehe annulliert werden könnt, du würdest sie heiraten.
Hans Karl schweigt.

CRESCENCE: Ich sag ja nicht, daß es seriöse Leut sind, die diesen bei den Haaren herbeigezogenen Unsinn zusammenreden.
Hans Karl schweigt.

CRESCENCE: Hast du sie schon besucht, seit du aus dem Feld zurück bist?

HANS KARL: Nein, ich sollte natürlich.

CRESCENCE *nach der Seite sehend*: So besuch sie doch morgen und red ihr ins Gewissen.

HANS KARL *bückt sich, wie um etwas aufzuheben*: Ich weiß wirklich nicht, ob ich gerade der richtige Mensch dafür wäre.

CRESCENCE: Du tust sogar direkt ein gutes Werk. Dadurch gibst du ihr deutlich zu verstehen, daß sie auf dem Holzweg war, wie sie mit aller Gewalt sich hat vor zwei Jahren mit dir affichieren wollen.

HANS KARL *ohne sie anzusehen*: Das ist eine Idee von dir.

CRESCENCE: Ganz genau so, wie sie es heut auf den Stani ab-
gesehen hat.

HANS KARL *erstaunt*: Deinen Stani?

CRESCENCE: Seit dem Frühjahr.

*Sie war bis zur Tür gegangen, kehrt wieder um, kommt bis
zum Schreibtisch.*

Er könnte mir da einen großen Gefallen tun, Kari —

HANS KARL: Aber ich bitte doch um Gottes willen, so sag Sie
doch!

Er bietet ihr Platz an, sie bleibt stehen.

CRESCENCE: Ich schick Ihm den Stani auf einen Moment herunter. Mach Er ihm den Standpunkt klar. Sag Er ihm, daß
die Antoinette — eine Frau ist, die einen unnötig kompro-
mittiert. Kurz und gut, verleid Er sie ihm.

HANS KARL: Ja, wie stellst du dir denn das vor? Wenn er verliebt in sie ist?

CRESCENCE: Aber Männer sind doch nie so verliebt, und du
bist doch das Orakel für den Stani. Wenn du die Konversation benützen wolltest — versprichst du mirs?

HANS KARL: Ja, weißt du — wenn sich ein zwangloser Über-
gang findet —

CRESCENCE *ist wieder bis zur Tür gegangen, spricht von dort
aus*: Du wirst schon das Richtige finden. Du machst dir
keine Idee, was du für eine Autorität für ihn bist.

*Im Begriff hinauszugehen, macht sie wiederum kehrt,
kommt bis an den Schreibtisch vor.*

Sag ihm, daß du sie unelegant findest — und daß du dich
nie mit ihr eingelassen hättest. Dann läßt er sie von morgen
an stehen.

Sie geht wieder zur Tür, das gleiche Spiel.

Weißt du, sags ihm nicht zu scharf, aber auch nicht gar zu
leicht. Nicht gar zu sous-entendu. Und daß er ja keinen
Verdacht hat, daß es von mir kommt — er hat die fixe
Idee, ich will ihn verheiraten, natürlich will ich, aber — er
darfs nicht merken: darin ist er ja so ähnlich mit dir: die
bloße Idee, daß man ihn beeinflussen möcht —!

Noch einmal das gleiche Spiel

Weißt du, mir liegt sehr viel daran, daß es heute noch gesagt wird, wozu einen Abend verlieren? Auf die Weise

hast du auch dein Programm: du machst der Antoinette
klar, wie du das Ganze mißbilligst — du bringst sie auf ihre
Ehe — du singst dem Adolf sein Lob — so hast du eine
Mission, und der ganze Abend hat einen Sinn für dich.
Sie geht.

VIERTE SZENE

VINZENZ *ist von rechts hereingekommen, sieht sich zuerst um,
ob Crescence fort ist, dann*: Ich weiß nicht, ob der erste
Diener gemeldet hat, es ist draußen eine jüngere Person,
eine Kammerfrau oder so etwas —

HANS KARL: Um was handelt sichs?

VINZENZ: Sie kommt von der Frau Gräfin Hechingen näm-
lich. Sie scheint so eine Vertrauensperson zu sein.
Nochmals näher tretend
Eine verschämte Arme ist es nicht.

HANS KARL: Ich werde das alles selbst sehen, führen Sie sie
herein.
Vinzenz rechts ab

FÜNFTE SZENE

LUKAS *schnell herein durch die Mitte*: Ist untertänigst Euer
Erlaucht gemeldet worden? Von Frau Gräfin Hechingen
die Kammerfrau, die Agathe. Ich habe gesagt: Ich weiß
durchaus nicht, ob Erlaucht zu Hause sind.

HANS KARL: Gut. Ich habe sagen lassen, ich bin da. Haben
Sie zum Grafen Altenwyl telephoniert?

LUKAS: Ich bitte Erlaucht untertänigst um Vergebung. Ich
habe bemerkt, Erlaucht wünschen nicht, daß telephoniert
wird, wünschen aber auch nicht, der Frau Gräfin zu wider-
sprechen — so habe ich vorläufig nichts telephoniert.

HANS KARL *lächelnd*: Gut, Lukas.
Lukas geht bis an die Tür.

HANS KARL: Lukas, wie finden Sie den neuen Diener?

LUKAS *zögernd*: Man wird vielleicht sehen, wie er sich macht.

HANS KARL: Unmöglicher Mann. Auszahlen. Wegexpedieren!

LUKAS: Sehr wohl, Euer Erlaucht. So hab ich mir gedacht.

HANS KARL: Heute abend nichts erwähnen.

Vinzenz führt Agathe herein. Beide Diener ab.

HANS KARL: Guten Abend, Agathe.

AGATHE: Daß ich Sie sehe, Euer Gnaden Erlaucht! Ich zittre ja.

HANS KARL: Wollen Sie sich nicht setzen?

AGATHE *stehend*: Oh, Euer Gnaden, seien nur nicht ungehalten darüber, daß ich gekommen bin, statt dem Brandstätter.

HANS KARL: Aber liebe Agathe, wir sind ja doch alte Bekannte. Was bringt Sie denn zu mir?

AGATHE: Mein Gott, das wissen doch Erlaucht. Ich komm wegen der Briefe.

Hans Karl ist betroffen.

AGATHE: O Verzeihung, o Gott, es ist ja nicht zum Ausdenken, wie mir meine Frau Gräfin eingeschärft hat, durch mein Betragen nichts zu verderben.

HANS KARL *zögernd*: Die Frau Gräfin hat mir allerdings geschrieben, daß gewisse in meiner Hand befindliche, ihr gehörige Briefe würden von einem Herrn Brandstätter am Fünfzehnten abgeholt werden. Heute ist der Zwölfte, aber ich kann natürlich die Briefe auch Ihnen übergeben. Sofort, wenn es der Wunsch der Frau Gräfin ist. Ich weiß ja, Sie sind der Frau Gräfin sehr ergeben.

AGATHE: Gewisse Briefe — wie Sie das sagen, Erlaucht. Ich weiß ja doch, was das für Briefe sind.

HANS KARL *kühl*: Ich werde sofort den Auftrag geben.

AGATHE: Wenn sie uns so beisammen sehen könnte, meine Frâu Gräfin. Das wäre ihr eine Beruhigung, eine kleine Linderung.

Hans Karl fängt an, in der Lade zu suchen.

AGATHE: Nach diesen entsetzlichen sieben Wochen, seitdem wir wissen, daß unser Herr Graf aus dem Felde zurück ist und wir kein Lebenszeichen von ihm haben —

HANS KARL *sieht auf*: Sie haben vom Grafen Hechingen kein Lebenszeichen?

AGATHE: Von dem! Wenn ich sage »unser Herr Graf«, das heißt in unserer Sprache Sie, Erlaucht! Vom Grafen Hechingen sagen wir nicht »unser Herr Graf«!

HANS KARL *sehr geniert*: Ah, pardon, das konnte ich nicht wissen.

AGATHE *schüchtern*: Bis heute nachmittag haben wir ja geglaubt, daß heute bei der gräflich Altenwylschen Soiree das Wiedersehen sein wird. Da telephoniert mir die Jungfer von der Komtesse Altenwyl: Er hat abgesagt!

Hans Karl steht auf.

AGATHE: Er hat abgesagt, Agathe, ruft die Frau Gräfin, abgesagt, weil er gehört hat, daß ich hinkomme! Dann ist doch alles vorbei, und dabei schaut sie mich an mit einem Blick, der einen Stein erweichen könnte.

HANS KARL *sehr höflich, aber mit dem Wunsche, ein Ende zu machen*: Ich fürchte, ich habe die gewünschten Briefe nicht hier in meinem Schreibtisch, ich werde gleich meinen Sekretär rufen.

AGATHE: O Gott, in der Hand eines Sekretärs sind diese Briefe! Das dürfte meine Frau Gräfin nie erfahren!

HANS KARL: Die Briefe sind natürlich eingesiegelt.

AGATHE: Eingesiegelt! So weit ist es schon gekommen?

HANS KARL *spricht ins Telephon*: Lieber Neugebauer, wenn Sie für einen Augenblick herüberkommen würden! Ja, ich bin jetzt frei — Aber ohne die Akten — es handelt sich um etwas anderes. Augenblicklich? Nein, rechnen Sie nur zu Ende. In drei Minuten, das genügt.

AGATHE: Er darf mich nicht sehen, er kennt mich von früher!

HANS KARL: Sie können in die Bibliothek treten, ich mach Ihnen Licht.

AGATHE: Wie hätten wir uns denn das denken können, daß alles auf einmal vorbei ist.

HANS KARL *im Begriff, sie hinüberzuführen, bleibt stehen, runzelt die Stirn*: Liebe Agathe, da Sie ja von allem informiert sind — ich verstehe nicht ganz, ich habe ja doch der Frau Gräfin aus dem Feldspital einen langen Brief geschrieben, dieses Frühjahr.

AGATHE: Ja, den abscheulichen Brief.

HANS KARL: Ich verstehe Sie nicht. Es war ein sehr freundschaftlicher Brief.

AGATHE: Das war ein perfider Brief. So gezittert haben wir, als wir ihn gelesen haben, diesen Brief. Erbittert waren wir und gedemütigt!

HANS KARL: Ja, worüber denn, ich bitt Sie um alles!

AGATHE *sieht ihn an*: Darüber, daß Sie darin den Grafen

19

Hechingen so herausgestrichen haben — und gesagt haben auf die Letzt ist ein Mann wie der andere, und ein jeder kann zum Ersatz für einen jeden genommen werden.

HANS KARL: Aber so habe ich mich doch gar nicht ausgedrückt Das waren doch niemals meine Gedanken!

AGATHE: Aber das war der Sinn davon. Ah, wir haben den Brief oft und oft gelesen! Das, hat meine Frau Gräfin ausgerufen, das ist also das Resultat der Sternennächte und des einsamen Nachdenkens, dieser Brief, wo er mir mit dürren Worten sagt: ein Mann ist wie der andere, unsere Liebe war nur eine Einbildung, vergiß mich, nimm wieder den Hechingen —

HANS KARL: Aber nichts von all diesen Worten ist in dem Brief gestanden.

AGATHE: Auf die Worte kommts nicht an. Aber den Sinn haben wir gut herausbekommen. Diesen demütigenden Sinn, diese erniedrigenden Folgerungen. Oh, das wissen wir genau. Dieses Sichselbsterniedrigen ist eine perfide Kunst. Wo der Mann sich anklagt in einer Liebschaft, da klagt er die Liebschaft an. Und im Handumdrehen sind wir die Angeklagten.

Hans Karl schweigt.

AGATHE *einen Schritt näher tretend*: Ich habe gekämpft für unsern Herrn Grafen, wie meine Frau Gräfin gesagt hat: Agathe, du wirst es sehen, er will die Komtesse Altenwyl heiraten, und nur darum will er meine Ehe wieder zusammenleimen.

HANS KARL: Das hat die Frau Gräfin mir zugemutet?

AGATHE: Das waren ihre bösesten Stunden, wenn sie über dem gegrübelt hat. Dann ist wieder ein Hoffnungsstrahl gekommen. Nein, vor der Helen, hat sie dann gerufen, nein, vor der fürcht ich mich nicht — denn die lauft ihm nach; und wenn dem Kari eine nachlauft, die ist bei ihm schon verloren, und sie verdient ihn auch nicht, denn sie hat kein Herz.

HANS KARL *richtet etwas*: Wenn ich Sie überzeugen könnte —

AGATHE: Aber dann plötzlich wieder die Angst —

HANS KARL: Wie fern mir das alles liegt —

AGATHE: O Gott, ruft sie aus, er war noch nirgends! Wenn das bedeutungsvoll sein sollte —

Hans Karl: Wie fern mir das liegt!

Agathe: Wenn er vor meinen Augen sich mit ihr verlobt —

Hans Karl: Wie kann nur die Frau Gräfin —

Agathe: Oh, so etwas tun Männer, aber Sie tuns nicht, nicht wahr, Erlaucht?

Hans Karl: Es liegt mir nichts in der Welt ferner, meine liebe Agathe.

Agathe: Oh, küß die Hände, Erlaucht!
Küßt ihm schnell die Hand

Hans Karl *entzieht ihr die Hand*: Ich höre meinen Sekretär kommen.

Agathe: Denn wir wissen ja, wir Frauen, daß so etwas Schönes nicht für die Ewigkeit ist. Aber, daß es deswegen auf einmal plötzlich aufhören soll, in das können wir uns nicht hineinfinden!

Hans Karl: Sie sehen mich dann. Ich gebe Ihnen selbst die Briefe und — Herein! Kommen Sie nur, Neugebauer.
Agathe rechts ab

SIEBENTE SZENE

Neugebauer *tritt ein*: Euer Erlaucht haben befohlen.

Hans Karl: Wenn Sie die Freundlichkeit hätten, meinem Gedächtnis etwas zu Hilfe zu kommen. Ich suche ein Paket Briefe — es sind private Briefe, versiegelt — ungefähr zwei Finger dick.

Neugebauer: Mit einem von Euer Erlaucht darauf geschriebenen Datum? Juni 15 bis 22. Oktober 16?

Hans Karl: Ganz richtig. Sie wissen —

Neugebauer: Ich habe dieses Konvolut unter den Händen gehabt, aber ich kann mich im Moment nicht besinnen. Im Drang der Geschäfte unter so verschiedenartigen Agenden, die täglich zunehmen —

Hans Karl *ganz ohne Vorwurf*: Es ist mir unbegreiflich, wie diese ganz privaten Briefe unter die Akten geraten sein können —

Neugebauer: Wenn ich befürchten müßte, daß Euer Erlaucht den leisesten Zweifel in meine Diskretion setzen —

Hans Karl: Aber das ist mir ja gar nicht eingefallen.

NEUGEBAUER: Ich bitte, mich sofort nachsuchen zu lassen; ich werde alle meine Kräfte daransetzen, dieses höchst bedauerliche Vorkommnis aufzuklären.

HANS KARL: Mein lieber Neugebauer, Sie legen dem ganzen Vorfall viel zu viel Gewicht bei.

NEUGEBAUER: Ich habe schon seit einiger Zeit die Bemerkung gemacht, daß etwas an mir neuerdings Euer Erlaucht zur Ungeduld reizt. Allerdings war mein Bildungsgang ganz auf das Innere gerichtet, und wenn ich dabei vielleicht keine tadellosen Salonmanieren erworben habe, so wird dieser Mangel vielleicht in den Augen eines wohlwollenden Beurteilers aufgewogen werden können durch Qualitäten, die persönlich hervorheben zu müssen meinem Charakter allerdings nicht leicht fallen würde.

HANS KARL: Ich zweifle keinen Augenblick, lieber Neugebauer. Sie machen mir den Eindruck, überanstrengt zu sein. Ich möchte Sie bitten, sich abends etwas früher freizumachen. Machen Sie doch jeden Abend einen Spaziergang mit Ihrer Braut.

Neugebauer schweigt.

HANS KARL: Falls es private Sorgen sind, die Sie irritieren, vielleicht könnte ich in irgendeiner Beziehung erleichternd eingreifen.

NEUGEBAUER: Euer Erlaucht nehmen an, daß es sich bei unsereinem ausschließlich um das Materielle handeln könnte.

HANS KARL: Ich habe gar nicht solches sagen wollen. Ich weiß, Sie sind Bräutigam, also gewiß glücklich —

NEUGEBAUER: Ich weiß nicht, ob Euer Erlaucht auf die Beschließerin von Schloß Hohenbühl anspielen?

HANS KARL: Ja, mit der Sie doch seit fünf Jahren verlobt sind.

NEUGEBAUER: Meine gegenwärtige Verlobte ist die Tochter eines höheren Beamten. Sie war die Braut meines besten Freundes, der vor einem halben Jahr gefallen ist. Schon bei Lebzeiten ihres Verlobten bin ich ihrem Herzen nahegestanden — und ich habe es als ein heiliges Vermächtnis des Gefallenen betrachtet, diesem jungen Mädchen eine Stütze fürs Leben zu bieten.

HANS KARL *zögernd*: Und die frühere langjährige Beziehung?

NEUGEBAUER: Die habe ich natürlich gelöst. Selbstverständlich in der vornehmsten und gewissenhaftesten Weise.

Hans Karl: <u>Ah!</u>

Neugebauer: Ich werde natürlich allen nach dieser Seite hin eingegangenen Verpflichtungen nachkommen und diese Last schon in die junge Ehe mitbringen. Allerdings keine Kleinigkeit.

Hans Karl schweigt.

Neugebauer: Vielleicht ermessen Euer Erlaucht doch nicht zur Genüge, mit welchem bitteren, sittlichen Ernst das Leben in unsern glanzlosen Sphären behaftet ist, und wie es sich hier nur darum handeln kann, für schwere Aufgaben noch schwerere einzutauschen.

Hans Karl: Ich habe gemeint, wenn man heiratet, so freut man sich darauf.

Neugebauer: <u>Der persönliche Standpunkt kann in unserer bescheidenen Welt nicht maßgebend sein.</u>

Hans Karl: Gewiß, gewiß. Also Sie werden mir die Briefe möglichst finden.

Neugebauer: Ich werde nachforschen, und wenn es sein müßte, bis Mitternacht. *Ab.*

Hans Karl *vor sich*: <u>Was ich nur an mir habe, daß alle Menschen so tentiert sind, mir eine Lektion zu erteilen, und daß ich nie ganz bestimmt weiß, ob sie nicht das Recht dazu haben.</u>

Achte Szene

Stani *steht in der Mitteltür, im Frack*: Pardon, nur um dir guten Abend zu sagen, Onkel Kari, wenn man dich nicht stört.

Hans Karl *war nach rechts gegangen, bleibt jedoch stehen*: Aber gar nicht.

Bietet ihm Platz an und eine Zigarette.

Stani *nimmt die Zigarette*: Aber natürlich chipotiert's dich, wenn man unangemeldet hereinkommt. Darin bist du ganz wie ich. Ich haß es auch, wenn man mir die Tür einrennt. Ich will immer zuerst meine Ideen ein bißl ordnen.

Hans Karl: Ich bitte, genier dich nicht, du bist doch zu Hause.

Stani: O pardon, ich bin bei dir —

Hans Karl: Setz dich doch.

STANI: Nein, wirklich, ich hätte nie gewagt, wenn ich nicht
so deutlich die krähende Stimm vom Neugebauer —

HANS KARL: Er ist im Moment gegangen.

STANI: Sonst wäre ich ja nie — Nämlich der neue Diener lauft
mir vor fünf Minuten im Korridor nach und meldet mir
notabene ungefragt, du hättest die Jungfer von der Antoinette Hechingen bei dir und wärest schwerlich zu sprechen.

HANS KARL *halblaut*: Ah, das hat er dir — ein reizender Mann

STANI: Da wäre ich ja natürlich unter keinen Umständen —

HANS KARL: Sie hat ein paar Bücher zurückgebracht.

STANI: Die Toinette Hechingen liest Bücher?

HANS KARL: Es scheint. Ein paar alte französische Sachen.

STANI: Aus dem Dixhuitième. Das paßt zu ihren Möbeln.
Hans Karl schweigt.

STANI: Das Boudoir ist charmant. Die kleine Chaiselongue
Sie ist signiert.

HANS KARL: Ja, die kleine Chaiselongue. Riesener.

STANI: Ja, Riesener. Was du für ein Namengedächtnis hast
Unten ist die Signatur.

HANS KARL: Ja, unten am Fußende.

STANI: Sie verliert immer ihre kleinen Kämme aus den Haaren, und wenn man sich dann bückt, um die zusammenzusuchen, dann sieht man die Inschrift.
*Hans Karl geht nach rechts hinüber und schließt die Tür
nach der Bibliothek.*

STANI: Ziehts dir, bist du empfindlich?

HANS KARL: Ja, meine Schützen und ich, wir sind da draußen rheumatisch geworden wie die alten Jagdhunde.

STANI: Weißt du, sie spricht charmant von dir, die Antoinette.

HANS KARL *raucht*: Ah! —

STANI: Nein, ohne Vergleich. Ich verdanke den Anfang mei-
ner Chance bei ihr ganz gewiß dem Umstand, daß sie mich
so fabelhaft ähnlich mit dir findet. Zum Beispiel unsere
Hände. Sie ist in Ekstase vor deinen Händen.
Er sieht seine eigene Hand an.
Aber bitte, erwähn nichts von allem gegen die Mamu. Es
ist halt ein weitgehender Flirt, aber deswegen doch keine
Bandelei. Aber die Mamu übertreibt sich alles.

HANS KARL: Aber mein guter Stani, wie käme ich denn auf das Thema?

STANI: Allmählich ist sie natürlich auch auf die Unterschiede zwischen uns gekommen. Ça va sans dire.

HANS KARL: Die Antoinette?

STANI: Sie hat mir geschildert, wie der Anfang eurer Freundschaft war.

HANS KARL: Ich kenne sie ja ewig lang.

STANI: Nein, aber das vor zwei Jahren. Im zweiten Kriegsjahr. Wie du nach der ersten Verwundung auf Urlaub warst, die paar Tage in der Grünleiten.

HANS KARL: Datiert sie von daher unsere Freundschaft?

STANI: Natürlich. Seit damals bist du ihr großer Freund. Als Ratgeber, als Vertrauter, als was du willst, einfach hors ligne. Du hättest dich benommen wie ein Engel.

HANS KARL: Sie übertreibt sehr leicht, die gute Antoinette.

STANI: Aber sie hat mir ja haarklein erzählt, wie sie aus Angst vor dem Alleinsein in der Grünleiten mit ihrem Mann, der gerade auch auf Urlaub war, sich den Feri Uhlfeldt, der damals wie der Teufel hinter ihr her war, auf den nächsten Tag hinausbestellt, wie sie dann dich am Abend vorher im Theater sieht und es wie eine Inspiration über sie kommt, sie dich bittet, du solltest noch abends mit ihr hinausfahren und den Abend mit ihr und dem Adolf zu dritt verbringen.

HANS KARL: Damals hab ich ihn noch kaum gekannt.

STANI: Ja, das entre parenthèse, das begreift sie gar nicht! Daß du dich später mit ihm hast so einlassen können. Mit diesem öden Dummkopf, diesem Pedanten.

HANS KARL: Da tut sie ihrem Mann unrecht, sehr!

STANI: Na, da will ich mich nicht einmischen. Aber sie erzählt das reizend.

HANS KARL: Das ist ja ihre Stärke, diese kleinen Konfidenzen.

STANI: Ja, damit fängt sie an. Diesen ganzen Abend, ich sehe ihn vor mir, wie sie dann nach dem Souper dir den Garten zeigt, die reizenden Terrassen am Fluß, wie der Mond aufgeht —

HANS KARL: Ah, so genau hat sie dir das erzählt.

STANI: Und wie du in der einen nächtlichen Konversation die Kraft gehabt hast, ihr den Feri Uhlfeldt vollkommen auszureden.

Hans Karl raucht und schweigt.

STANI: <u>Das bewundere ich ja so an dir</u>: du redest wenig, bist
so zerstreut und wirkst so stark. Deswegen find ich auch
ganz natürlich, worüber sich so viele Leut den Mund zer-
reißen: daß du im Herrenhaus seit anderthalb Jahren deinen Sitz eingenommen hast, aber nie das Wort ergreifst.
Vollkommen in der Ordnung ist das für einen Herrn wie
du bist! Ein solcher Herr spricht eben durch seine Person!
Oh, ich studier dich. In ein paar Jahren hab ich das. Jetzt
hab ich noch zuviel Passion in mir. Du gehst nie auf die
Sache aus und hast so gar keine Suada, das ist gerade das
Elegante an dir. Jeder andere wäre in dieser Situation ihr
Liebhaber geworden.

HANS KARL *mit einem nur in den Augen merklichen Lächeln*:
Glaubst du?

STANI: Unbedingt. Aber ich versteh natürlich sehr gut: in
deinen Jahren bist du zu serios dafür. Es tentiert dich
nicht mehr: so leg ich mirs zurecht. Weißt du, das liegt so
in mir: ich denk über alles nach. Wenn ich Zeit gehabt hätt,
auf der Universität zu bleiben — für mich: Wissenschaft,
das wäre mein Fach gewesen. Ich wäre auf Sachen, auf
Probleme gekommen, auf Fragestellungen, an die andere
Menschen gar nicht streifen. Für mich ist das Leben ohne
Nachdenken kein Leben. Zum Beispiel: Weiß man das auf
einmal, so auf einen Ruck: Jetzt bin ich kein junger Herr
mehr? — Das muß ein sehr unangenehmer Moment sein.

HANS KARL: Weißt du, ich glaub, es kommt ganz allmählich.
Wenn einen auf einmal der andere bei der Tür voraus-
gehen läßt und du merkst dann: ja, natürlich, er ist viel
jünger, obwohl er auch schon ein erwachsener Mensch ist.

STANI: Sehr interessant. Wie du alles gut beobachtest. Darin
bist du ganz wie ich. Und dann wirds einem so zur Ge-
wohnheit, das Ältersein?

HANS KARL: Ja, es gibt immer noch gewisse Momente, die
einen frappieren. Zum Beispiel, wenn man sich plötzlich
klarwird, daß man nicht mehr glaubt, daß es Leute gibt,
die einem alles erklären könnten.

STANI: Eines versteh ich aber doch nicht, Onkel Kari, daß du
mit dieser Reife und konserviert wie du bist nicht heiratest.

HANS KARL: Jetzt.

STANI: Ja, eben jetzt. Denn der Mann, der kleine Abenteuer
sucht, bist du doch nicht mehr. Weißt du, ich würde natürlich sofort begreifen, daß sich jede Frau heut noch für dich
interessiert. Aber die Toinette hat mir erklärt, warum ein
Interesse für dich nie serios wird.

HANS KARL: Ah!

STANI: Ja, sie hat viel darüber nachgedacht. Sie sagt: du
fixierst nicht, weil du nicht genug Herz hast.

HANS KARL: Ah!

STANI: Ja, dir fehlt das Eigentliche. Das, sagt sie, ist der
enorme Unterschied zwischen dir und mir. Sie sagt: du
hast das Handgelenk immer geschmeidig, um loszulassen,
das spürt eine Frau, und wenn sie selbst im Begriff gewesen wäre, sich in dich zu verlieben, so verhindert das die
Kristallisation.

HANS KARL: Ah, so drückt sie sich aus?

STANI: Das ist ja ihr großer Charme, daß sie eine Konversation hat. Weißt du, das brauch ich absolut: eine Frau die
mich fixieren soll, die muß außer ihrer absoluten Hingebung auch eine Konversation haben.

HANS KARL: Darin ist sie delizios.

STANI: Absolut. Das hat sie: Charme, Geist und Tempera-
ment, so wie sie etwas anderes nicht hat: nämlich Rasse.

HANS KARL: Du findest?

STANI: Weißt du, Onkel Kari, ich bin ja so gerecht; eine
Frau kann hundertmal das Äußerste an gutem Willen für
mich gehabt haben — ich geb ihr, was sie hat, und ich sehe
unerbittlich, was sie nicht hat. Du verstehst mich: Ich denk
über alles nach, und mach mir immer zwei Kategorien.
Also die Frauen teile ich in zwei große Kategorien: die
Geliebte, und die Frau, die man heiratet. Die Antoinette
gehört in die erste Kategorie, sie kann hundertmal die
Frau vom Adolf Hechingen sein, für mich ist sie keine
Frau, sondern — das andere.

HANS KARL: Das ist ihr Genre, natürlich. Wenn man die
Menschen so einteilen will.

STANI: Absolut. Darum ist es, in Parenthese, die größte
Dummheit, sie mit ihrem Mann versöhnen zu wollen.

HANS KARL: Wenn er aber doch einmal ihr Mann ist? Verzeih, das ist vielleicht ein sehr spießbürgerlicher Gedanke.

STANI: Weißt du, verzeih mir, ich mache mir meine Kategorien, und da bin ich dann absolut darin, ebenso über die Galanterie, ebenso über die Ehe. Die Ehe ist kein Experiment. Sie ist das Resultat eines richtigen Entschlusses.

HANS KARL: Von dem du natürlich weit entfernt bist.

STANI: Aber gar nicht. Augenblicklich bereit, ihn zu fassen.

HANS KARL: Im jetzigen Moment?

STANI: Ich finde mich außerordentlich geeignet, eine Frau glücklich zu machen, aber bitte, sag das der Mamu nicht, ich will mir in allen Dingen meine volle Freiheit bewahren. Darin bin ich ja haarklein wie du. Ich vertrage nicht, daß man mich beengt.

Hans Karl raucht.

STANI: Der Entschluß muß aus dem Moment hervorgehen. Gleich oder gar nicht, das ist meine Devise!

HANS KARL: Mich interessiert nichts auf der Welt so sehr, als wie man von einer Sache zur andern kommt. Du würdest also nie einen Entschluß vor dich hinschieben?

STANI: Nie, das ist die absolute Schwäche.

HANS KARL: Aber es gibt doch Komplikationen?

STANI: Die negiere ich.

HANS KARL: Beispielsweise sich kreuzende widersprechende Verpflichtungen.

STANI: Von denen hat man die Wahl, welche man lösen will.

HANS KARL: Aber man ist doch in dieser Wahl bisweilen sehr behindert.

STANI: Wieso?

HANS KARL: Sagen wir durch Selbstvorwürfe.

STANI: Das sind Hypochondrien. Ich bin vollkommen gesund. Ich war im Feld nicht einen Tag krank.

HANS KARL: Ah, du bist mit deinem Benehmen immer absolut zufrieden?

STANI: Ja, wenn ich das nicht wäre, so hätte ich mich doch anders benommen.

HANS KARL: Pardon, ich spreche nicht von Unkorrektheiten — aber du läßt mit einem Wort den Zufall, oder nennen wirs das Schicksal, unbedenklich walten?

STANI: Wieso? Ich behalte immer alles in der Hand.

HANS KARL: Zeitweise ist man aber halt doch versucht, bei solchen Entscheidungen einen bizarren Begriff einzuschieben: den der höheren Notwendigkeit.

STANI: Was ich tue, ist eben notwendig, sonst würde ich es nicht tun.

HANS KARL *interessiert*: Verzeih, wenn ich aus der aktuellen Wirklichkeit heraus exemplifiziere — das schickt sich ja eigentlich nicht —

STANI: Aber bitte —

HANS KARL: Eine Situation würde dir, sagen wir, den Entschluß zur Heirat nahelegen.

STANI: Heute oder morgen.

HANS KARL: Nun bist du mit der Antoinette in dieser Weise immerhin befreundet.

STANI: Ich brouillier mich mit ihr, von heut auf morgen!

HANS KARL: Ah! Ohne jeden Anlaß?

STANI: Aber der Anlaß liegt doch immer in der Luft. Bitte. Unsere Beziehung dauert seit dem Frühjahr. Seit sechs, sieben Wochen ist irgend etwas an der Antoinette, ich kann nicht sagen, was — ein Verdacht wäre schon zuviel — aber die bloße Idee, daß sie sich außer mit mir noch mit jemandem andern beschäftigen könnte, weißt du, darin bin ich absolut.

HANS KARL: Ah, ja.

STANI: Weißt du, das ist stärker als ich. Ich möchte es gar nicht Eifersucht nennen, es ist ein derartiges Nichtbegreifenkönnen, daß eine Frau, der ich mich attachiert habe, zugleich mit einem andern — begreifst du?

HANS KARL: Aber die Antoinette ist doch so unschuldig, wenn sie etwas anstellt. Sie hat dann fast noch mehr Charme.

STANI: Da verstehe ich dich nicht.

NEUNTE SZENE

NEUGEBAUER *ist leise eingetreten*: Hier sind die Briefe, Euer Erlaucht. Ich habe sie auf den ersten Griff —

HANS KARL: Danke. Bitte, geben Sie mir sie.
Neugebauer gibt ihm die Briefe.

HANS KARL: Danke.
Neugebauer ab.

HANS KARL *nach einer kleinen Pause*: Weißt du, wen ich für den geborenen Ehemann halte?

STANI: Nun?

HANS KARL: Den Adolf Hechingen.

STANI: Der Antoinette ihren Mann? Hahaha! —

HANS KARL: Ich red ganz im Ernst.

STANI: Aber Onkel Kari.

HANS KARL: In seinem Attachement an diese Frau ist eine höhere Notwendigkeit.

STANI: Der prädestinierte — ich will nicht sagen was!

HANS KARL: Sein Schicksal geht mir nah.

STANI: Für mich gehört er in eine Kategorie: der instinktlose Mensch. Weißt du, an wen er sich anhängt, wenn du nicht im Klub bist? An mich. Ausgerechnet an mich! Er hat einen Flair!

HANS KARL: Ich habe ihn gern.

STANI: Aber er ist doch unelegant bis über die Ohren.

HANS KARL: Aber ein innerlich vornehmer Mensch.

STANI: Ein uneleganter, schwerfälliger Kerl.

HANS KARL: Er braucht eine Flasche Champagner ins Blut.

STANI: Sag das nie vor ihm, er nimmts wörtlich. Ein uneleganter Mensch ist mir ein Greuel, wenn er getrunken hat.

HANS KARL: Ich hab ihn gern.

STANI: Er nimmt alles wörtlich, auch deine Freundschaft für ihn.

HANS KARL: Aber er darf sie wörtlich nehmen.

STANI: Pardon, Onkel Kari, bei dir darf man nichts wörtlich nehmen, wenn man das tut, gehört man in die Kategorie: Instinktlos.

HANS KARL: Aber er ist ein so guter, vortrefflicher Mensch.

STANI: Meinetwegen, wenn du das von ihm sagst, aber das ist noch gar kein Grund, daß er immer von deiner Güte spricht. Das geht mir auf die Nerven. Ein eleganter Mensch hat Bonhomie, aber er ist kein guter Mensch. Pardon, sag ich, der Onkel Kari ist ein großer Herr und darum auch ein großer Egoist, selbstverständlich. Du verzeihst.

HANS KARL: Es nützt nichts, ich hab ihn gern.

STANI: Das ist eine Bizarrerie von dir! Du hast es doch nicht
notwendig, bizarr zu sein! Du hast doch das Wunderbare,
daß du mühelos das vorstellst, was du bist: ein großer
Herr! Mühelos! Das ist der große Punkt. Der Mensch
zweiter Kategorie bemüht sich unablässig. Bitte, da ist dieser Theophil Neuhoff, den man seit einem Jahr überall
sieht. Was ist eine solche Existenz anderes als eine fortgesetzte jämmerliche Bemühung, ein Genre zu kopieren,
das eben nicht sein Genre ist.

ELFTE SZENE

LUKAS *kommt eilig*: Darf ich fragen — haben Euer Erlaucht
Befehl *gegeben*, daß fremder Besuch vorgelassen wird?

HANS KARL: Aber absolut nicht. Was ist denn das?

LUKAS: Da muß der neue Diener eine Konfusion gemacht
haben. Eben wird vom Portier herauftelephoniert, daß
Herr Baron Neuhoff auf der Treppe ist. Bitte zu befehlen,
was mit ihm geschehen soll.

STANI: Also, im Moment, wo wir von ihm sprechen. Das ist
kein Zufall. Onkel Kari, dieser Mensch ist mein guignon,
und ich beschwöre sein Kommen herauf. Vor einer Woche
bei der Helen, ich will ihr eben meine Ansicht über den
Herrn von Neuhoff sagen, im Moment steht der Neuhoff
auf der Schwelle. Vor drei Tagen, ich geh von der Antoinette weg — im Vorzimmer steht der Herr von Neuhoff.
Gestern früh bei meiner Mutter, ich wollte dringend etwas
mit ihr besprechen, im Vorzimmer find ich den Herrn von
Neuhoff.

VINZENZ *tritt ein, meldet*: Herr Baron Neuhoff sind im Vorzimmer.

HANS KARL: Jetzt muß ich ihn natürlich empfangen.
*Lukas winkt: Eintreten lassen. Vinzenz öffnet die Flügel-
tür, läßt eintreten.*

NEUHOFF *tritt ein*: Guten Abend, Graf Bühl. Ich war so unbescheiden, nachzusehen, ob Sie zu Hause wären.

HANS KARL: Sie kennen meinen Neffen Freudenberg?

STANI: Wir haben uns getroffen.

Sie setzen sich.

NEUHOFF: Ich sollte die Freude haben, Ihnen diesen Abend
im Altenwylschen Hause zu begegnen. Gräfin Helene hatte
sich ein wenig darauf gefreut, uns zusammenzuführen.
Um so schmerzlicher war mein Bedauern, als ich durch
Gräfin Helene diesen Nachmittag erfahren mußte, Sie
hätten abgesagt.

HANS KARL: Sie kennen meine Kusine seit dem letzten Winter?

NEUHOFF: Kennen — wenn man das Wort von einem solchen
Wesen brauchen darf. In gewissen Augenblicken gewahrt
man erst, wie doppelsinnig das Wort ist: es bezeichnet das
Oberflächlichste von der Welt und zugleich das tiefste Geheimnis des Daseins zwischen Mensch und Mensch.

Hans Karl und Stani wechseln einen Blick.

NEUHOFF: Ich habe das Glück, Gräfin Helene nicht selten zu
sehen und ihr in Verehrung anzugehören.

Eine kleine, etwas genierte Pause.

NEUHOFF: Heute nachmittag — wir waren zusammen im
Atelier von Bohuslawsky — Bohuslawsky macht mein Por-
trät, das heißt, er quält sich unverhältnismäßig, den Ausdruck meiner Augen festzuhalten: er spricht von einem
gewissen Etwas darin, das nur in seltenen Momenten
sichtbar wird — und es war seine Bitte, daß die Gräfin
Helene einmal dieses Bild ansehen und ihm über diese
Augen Kritik geben möchte — da sagt sie mir: Graf Bühl
kommt nicht, gehen Sie zu ihm. Besuchen Sie ihn ganz
einfach. Er ist ein Mann, bei dem die Natur, die Wahrheit
alles erreicht und die Absicht nichts. Ein wunderbarer
Mann in unserer absichtsvollen Welt, war meine Antwort — aber so hab ich mir ihn gedacht, so hab ich ihn er-
raten, bei der ersten Begegnung.

STANI: Sie sind meinem Onkel im Felde begegnet?

NEUHOFF: Bei einem Stab.

HANS KARL: Nicht in der sympathischsten Gesellschaft.

NEUHOFF: Das merkte man Ihnen an, Sie sprachen unendlich
wenig.

HANS KARL *lächelnd*: Ich bin kein großer Causeur, nicht
wahr, Stani?

STANI: In der Intimität schon!

NEUHOFF: Sie sprechen es aus, Graf Freudenberg, Ihr Onkel
liebt es, in Gold zu zahlen; er hat sich an das Papiergeld
des täglichen Verkehrs nicht gewöhnen wollen. Er kann
mit seiner Rede nur seine Intimität vergeben, und die ist
unschätzbar.

HANS KARL: Sie sind äußerst freundlich, Baron Neuhoff.

NEUHOFF: Sie müßten sich von Bohuslawsky malen lassen,
Graf Bühl. Sie würde er in drei Sitzungen treffen. Sie
wissen, daß seine Stärke das Kinderporträt ist. Ihr Lächeln
ist genau die Andeutung eines Kinderlachens. Mißverstehen
Sie mich nicht. Warum ist denn Würde so ganz unnach-
ahmlich? Weil ein Etwas von Kindlichkeit in ihr steckt.
Auf dem Umweg über die Kindlichkeit würde Bohuslawsky vermögen, einem Bilde von Ihnen das zu geben, was in
unserer Welt das Seltenste ist und was Ihre Erscheinung
in hohem Maße auszeichnet: Würde. Denn wir leben in
einer würdelosen Welt.

HANS KARL: Ich weiß nicht, von welcher Welt Sie sprechen:
uns allen ist draußen soviel Würde entgegengetreten —

NEUHOFF: Deswegen war ein Mann wie Sie draußen so in
seinem Element. Was haben Sie geleistet, Graf Bühl! Ich
erinnere mich des Unteroffiziers im Spital, der mit Ihnen
und den dreißig Schützen verschüttet war.

HANS KARL: Mein braver Zugführer, der Hütter Franz!
Meine Kusine hat Ihnen davon erzählt?

NEUHOFF: Sie hat mir erlaubt, sie bei diesem Besuch ins Spital zu begleiten. Ich werde nie das Gesicht und die Rede
dieses Sterbenden vergessen.

Hans Karl sagt nichts.

NEUHOFF: Er sprach ausschließlich von Ihnen. Und in welchem Ton! Er wußte, daß sie eine Verwandte seines Haupt-
manns war, mit der er sprach.

HANS KARL: Der arme Hütter Franz!

NEUHOFF: Vielleicht wollte mir die Gräfin Helene eine Idee

33

von Ihrem Wesen geben, wie tausend Begegnungen im
Salon sie nicht vermitteln können.

STANI *etwas scharf*: Vielleicht hat sie vor allem den Mann
selbst sehen und vom Onkel Kari hören wollen.

NEUHOFF: In einer solchen Situation wird ein Wesen wie
Helene Altenwyl erst ganz sie selbst. Unter dieser voll-
kommenen Einfachheit, diesem Stolz der guten Rasse verbirgt sich ein Strömen der Liebe, eine alle Poren durch-
dringende Sympathie: es gibt von ihr zu einem Wesen, das
sie sehr liebt und achtet, namenlose Verbindungen, die
nichts lösen könnte, und an die nichts rühren darf. Wehe
dem Gatten, der nicht verstünde, diese namenlose Verbun-
denheit bei ihr zu achten, der engherzig genug wäre, alle
diese verteilten Sympathien auf sich vereinigen zu wollen.
Eine kleine Pause. Hans Karl raucht.

NEUHOFF: Sie ist wie Sie: eines der Wesen, um die man nicht
werben kann: die sich einem schenken müssen.

Abermals eine kleine Pause.

NEUHOFF *mit einer großen, vielleicht nicht ganz echten Sicherheit*: Ich bin ein Wanderer, meine Neugierde hat mich um
die halbe Welt getrieben. Das, was schwierig zu kennen ist,
fasziniert mich; was sich verbirgt, zieht mich an. Ich möchte
ein stolzes, kostbares Wesen, wie Gräfin Helene, in Ihrer
Gesellschaft sehen. Graf Bühl. Sie würde eine andere werden, sie würde aufblühen: denn ich kenne niemanden, der
so sensibel ist für menschliche Qualität.

HANS KARL: Das sind wir hier ja alle ein bißchen. Vielleicht
ist das gar nichts so Besonderes an meiner Kusine.

NEUHOFF: Ich denke mir die Gesellschaft, die ein Wesen wie
Helene Altenwyl umgeben müßte, aus Männern Ihrer Art
bestehend. Jede Kultur hat ihre Blüten: Gehalt ohne Prä-
tention, Vornehmheit gemildert durch eine unendliche Grazie, so ist die Blüte dieser alten Gesellschaft beschaffen, der
es gelungen ist, was die Ruinen von Luxor und die Wäl-
der des Kaukasus nicht vermochten, einen Unsteten, wie
mich, in ihrem Bannkreis festzuhalten. Aber, erklären Sie
mir eins, Graf Bühl. Gerade die Männer Ihres Schlages,
von denen die Gesellschaft ihr eigentliches Gepräge emp-
fängt, begegnet man allzu selten in ihr. Sie scheinen ihr
auszuweichen.

STANI: Aber gar nicht, Sie werden den Onkel Kari gleich heute
abend bei Altenwyls sehen, und ich fürchte sogar, so gemütlich dieser kleine Plausch hier ist, so müssen wir ihm bald
Gelegenheit geben, sich umzuziehen.
Er ist aufgestanden.

NEUHOFF: Müssen wir das, so sage ich Ihnen für jetzt adieu,
Graf Bühl. Wenn Sie jemals, sei es in welcher Lage immer,
eines fahrenden Ritters bedürfen sollten,
Schon im Gehen
der dort, wo er das Edle, das Hohe ahnt, ihm unbedingt
und ehrfürchtig zu dienen gewillt ist, so rufen Sie mich.
*Hans Karl, dahinter Stani, begleiten ihn. Wie sie an der
Tür sind, klingelt das Telephon.*

NEUHOFF: Bitte, bleiben Sie, der Apparat begehrt nach Ihnen.

STANI: Darf ich Sie bis an die Stiege begleiten?

HANS KARL *an der Tür:* Ich danke Ihnen sehr für Ihren
guten Besuch, Baron Neuhoff.
Neuhoff und Stani ab.

HANS KARL *allein mit dem heftig klingelnden Apparat, geht
an die Wand und drückt an den Zimmertelegraph, rufend:*
Lukas, abstellen! Ich mag diese indiskrete Maschine nicht!
Lukas!
Das Klingeln hört auf.

DREIZEHNTE SZENE

STANI *kommt zurück:* Nur für eine Sekunde, Onkel Kari,
wenn du mir verzeihst. Ich hab müssen dein Urteil über
diesen Herrn hören!

HANS KARL: Das deinige scheint ja fix und fertig zu sein.

STANI: Ah, ich find ihn einfach unmöglich. Ich verstehe einfach eine solche Figur nicht. Und dabei ist der Mensch
ganz gut geboren!

HANS KARL: Und du findest ihn so unannehmbar?

STANI: Aber ich bitte: so viel Taktlosigkeiten als Worte.

HANS KARL: Er will sehr freundlich sein, er will für sich ge-
winnen.

STANI: Aber man hat doch eine assurance, man kriecht wildfremden Leuten noch nicht in die Westentasche.

HANS KARL: Und er glaubt allerdings, daß man etwas aus sich machen kann — das würde ich als eine Naivität ansehen oder als Erziehungsfehler.

STANI *geht aufgeregt auf und ab*: Diese Tirade über die Helen!

HANS KARL: Daß ein Mädel wie die Helen mit ihm Konversation über unsereinen führt, macht mir auch keinen Spaß.

STANI: Daran ist gewiß kein wahres Wort. Ein Kerl, der kalt und warm aus einem Munde blast.

HANS KARL: Es wird alles sehr ähnlich gewesen sein, wie er sagt. Aber es gibt Leute, in deren Mund sich alle Nuancen verändern, unwillkürlich.

STANI: Du bist von einer Toleranz!

HANS KARL: Ich bin halt sehr alt, Stani.

STANI: Ich ärgere mich jedenfalls rasend, das ganze Genre bringt mich auf, diese falsche Sicherheit, diese ölige Suada, dieses Kokettieren mit seinem odiosen Spitzbart.

HANS KARL: Er hat Geist, aber es wird einem nicht wohl dabei.

STANI: Diese namenlosen Indiskretionen. Ich frage: was geht ihn dein Gesicht an?

HANS KARL: Au fond ist man vielleicht ein bedauernswerter Mensch, wenn man so ist.

STANI: Ich nenne ihn einen odiosen Kerl. Jetzt muß ich aber zur Mamu hinauf. Ich seh dich jedenfalls in der Nacht im Klub, Onkel Kari.

Agathe sieht leise bei der Tür rechts herein, sie glaubt Hans Karl allein. Stani kommt noch einmal nach vorne. Hans Karl winkt Agathe, zu verschwinden.

STANI: Weißt du, ich kann mich nicht beruhigen. Erstens die Bassesse, einem Herrn wie dir ins Gesicht zu schmeicheln.

HANS KARL: Das war nicht sehr elegant.

STANI: Zweitens das Affichieren einer weiß Gott wie dicken Freundschaft mit der Helen. Drittens die Spionage, ob du dich für sie interessierst.

HANS KARL *lächelnd*: Meinst du, er hat ein bißl das Terrain sondieren wollen?

STANI: Viertens diese maßlos indiskrete Anspielung auf seine künftige Situation. Er hat sich uns ja geradezu als ihren

Zukünftigen vorgestellt. Fünftens dieses odiose Perorieren,
das es einem unmöglich macht, auch nur einmal die Replik
zu geben. Sechstens dieser unmögliche Abgang. Das war ja
ein Geburtstagswunsch, ein Leitartikel. Aber ich halt dich
auf, Onkel Kari.

*Agathe ist wieder in der Tür erschienen, gleiches Spiel wie
früher.*

STANI *war schon im Verschwinden, kommt wieder nach
vorne*: Darf ich noch einmal? Das eine kann ich nicht begreifen, daß dir die Sache wegen der Helen nicht näher-
geht!

HANS KARL: Inwiefern mir?

STANI: Pardon, m i r steht die Helen zu nahe, als daß ich
diese unmögliche Phrase von »Verehrung« und »Ange-
hören« goutieren könnt. Wenn man die Helen von klein
auf kennt, wie eine Schwester!

HANS KARL: Es kommt ein Moment, wo die Schwestern sich
von den Brüdern trennen.

STANI: Aber nicht für einen Neuhoff. Ah, ah!

HANS KARL: Eine kleine Dosis von Unwahrheit ist den
Frauen sehr sympathisch.

STANI: So ein Kerl dürfte nicht in die Nähe von der Helen.

HANS KARL: Wir werden es nicht hindern können.

STANI: Ah, das möcht ich sehen. Nicht in die Nähe!

HANS KARL: Er hat uns die kommende Verwandtschaft an-
gekündigt.

STANI: In welchem Zustand muß die Helen sein, wenn sie
sich mit diesem Menschen einläßt.

HANS KARL: Weißt du, ich habe mir abgewöhnt, aus irgendeiner Handlung von Frauen Folgerungen auf ihren Zustand zu ziehen.

STANI: Nicht, daß ich eifersüchtig wäre, aber mir eine Person wie die Helen — als Frau dieses Neuhoff zu denken,
das ist für mich eine derartige Unbegreiflichkeit — die
Idee ist mir einfach unfaßlich — ich muß sofort mit der
Mamu davon sprechen.

HANS KARL *lächelnd*: Ja, tu das, Stani —
Stani ab.

LUKAS *tritt ein*: Ich fürchte, das Telephon war hereingestellt.

HANS KARL: Ich will das nicht.

LUKAS: Sehr wohl, Euer Erlaucht. Der neue Diener muß es umgestellt haben, ohne daß ichs bemerkt habe. Er hat überall die Hände und die Ohren, wo er sie nicht haben soll.

HANS KARL: Morgen um sieben Uhr früh expedieren.

LUKAS: Sehr wohl. Der Diener vom Herrn Grafen Hechingen war am Telephon. Der Herr Graf möchten selbst gern sprechen wegen heute abend: ob Erlaucht in die Soiree zu Graf Altenwyl gehen oder nicht. Nämlich, weil die Frau Gräfin auch dort sein wird.

HANS KARL: Rufen Sie jetzt bei Graf Altenwyl an und sagen Sie, ich habe mich freigemacht, lasse um Erlaubnis bitten, trotz meiner Absage doch zu erscheinen. Und dann verbinden Sie mich mit dem Grafen Hechingen, ich werde selbst sprechen. Und bitten Sie indes die Kammerfrau, hereinzukommen.

LUKAS: Sehr wohl.

Geht ab. Agathe herein.

FÜNFZEHNTE SZENE

HANS KARL *nimmt das Paket mit den Briefen*: Hier sind die Briefe. Sagen Sie der Frau Gräfin, daß ich mich von diesen Briefen darum trennen kann, weil die Erinnerung an das Schöne für mich unzerstörbar ist; ich werde sie nicht in einem Brief finden, sondern überall.

AGATHE: Oh, ich küß die Hand! Ich bin ja so glücklich. Jetzt weiß ich, daß meine Frau Gräfin unsern Herrn Grafen bald wiedersehen wird.

HANS KARL: Sie wird mich heut abend sehen. Ich werde auf die Soiree kommen.

AGATHE: Und dürften wir hoffen, daß sie — daß derjenige, der ihr entgegentritt, der gleiche sein wird, wie immer?

HANS KARL: Sie hat keinen besseren Freund.

AGATHE: Oh, ich küß die Hand.

HANS KARL: Sie hat nur zwei wahre Freunde auf der Welt:
mich und ihren Mann.

AGATHE: Oh, mein Gott, das will ich nicht hören. O Gott,
o Gott, das Unglück, daß sich unser Herr Graf mit dem
Grafen Hechingen befreundet hat. Meiner Frau Gräfin
bleibt wirklich nichts erspart.

HANS KARL *geht nervös ein paar Schritte von ihr weg*: Ja.
ahnen denn die Frauen so wenig, was ein Mann ist?! Und
wer sie wirklich liebhat!

AGATHE: Oh, nur das nicht. Wir lassen uns ja von Euer Erlaucht alles einreden, aber das nicht, das ist zu viel!

HANS KARL *auf und ab*: Also nicht. Nicht helfen können!
Nicht s o viel!

Pause

AGATHE *schüchtern und an ihn herantretend*: Oder versuchen
Sies doch. Aber nicht durch mich: für eine solche Botschaft
bin ich zu ungebildet. Da hätte ich nicht die richtigen
Ausdrücke. Und auch nicht brieflich. Das gibt nur Miß-
verständnisse. Aber Aug in Aug: ja, gewiß! Da werden
Sie schon was ausrichten! Was sollen Sie bei meiner Frau
Gräfin nicht ausrichten! Nicht vielleicht beim erstenmal.
Aber wiederholt — wenn Sie ihr recht eindringlich ins
Gewissen reden — wie sollte Sie Ihnen denn da wider-
stehen können?

Das Telephon läutet wieder.

HANS KARL *geht ans Telephon und spricht hinein*: Ja, ich bin
am Apparat. Ich bleibe. Graf Bühl. Ja, selbst.

AGATHE: Ich küß die Hand.

Geht schnell ab, durch die Mitteltür.

HANS KARL *am Telephon*: Hechingen, guten Abend! Ja, ich
habs mir überlegt. Ich habe zugesagt. Ich werde Gelegenheit nehmen. Gewiß. Ja, das hat mich bewogen, hinzu-
gehen. Gerade auf einer Soiree, da ich nicht Bridge spiele
und deine Frau, wie ich glaube, auch nicht. Kein Anlaß.
Auch dazu ist kein Anlaß. Zu deinem Pessimismus. Zu deinem Pessimismus! Du verstehst nicht? Zu deiner Traurig-
keit ist kein Anlaß. Absolut bekämpfen! Allein? Also die
berühmte Flasche Champagner. Ich bringe bestimmt das
Resultat vor Mitternacht. Übertriebene Hoffnungen natürlich auch nicht. Du weißt, daß ich das Mögliche ver-

suchen werde. Es entspricht doch auch meiner Empfindung. Es entspricht meiner Empfindung! Wie? Gestört? Ich habe gesagt: Es entspricht meiner Empfindung. Empfindung! Eine ganz gleichgültige Phrase! Keine Frage, eine Phrase! Ich habe eine gleichgültige Phrase gesagt! Welche? Es entspricht meiner Empfindung. Nein, ich nenne es nur eine gleichgültige Phrase, weil du es so lange nicht verstanden hast. Ja. Ja. Ja! Adieu. Schluß!
Läutet.
Es gibt Menschen, mit denen sich alles kompliziert, und dabei ist das so ein exzellenter Kerl!

SECHZEHNTE SZENE

STANI *aufs neue in der Mitteltür*: Ist es sehr unbescheiden, Onkel Kari?

HANS KARL: Aber bitte, ich bin zur Verfügung.

STANI *vorne bei ihm*: Ich muß dir melden, Onkel Kari, daß ich inzwischen eine Konversation mit der Mamu gehabt habe und zu einem Resultat gekommen bin.

Hans Karl sieht ihn an.

STANI: Ich werde mich mit der Helen Altenwyl verloben.

HANS KARL: Du wirst dich —

STANI: Ja, ich bin entschlossen, die Helen zu heiraten. Nicht heute und nicht morgen, aber in der allernächsten Zeit. Ich habe alles durchgedacht. Auf der Stiege von hier bis in den zweiten Stock hinauf. Wie ich zur Mamu in den zweiten Stock gekommen bin, war alles fix und fertig. Weißt du, die Idee ist mir plötzlich gekommen, wie ich bemerkt hab, du interessierst dich nicht für die Helen.

HANS KARL: Aha.

STANI: Begreifst du? Es war so eine Idee von der Mamu. Sie behauptet, man weiß nie, woran man mit dir ist — am Ende hättest du doch daran gedacht, die Helen zu nehmen — und du bist doch für die Mamu immer der Familienchef, ihr Herz ist halt ganz Bühlisch.

HANS KARL *halb abgewandt*: Die gute Crescence!

STANI: Aber ich hab immer widersprochen. Ich verstehe ja jede Nuance von dir. Ich hab von jeher gefühlt, daß von

einem Interesse für die Helen bei dir nicht die Idee sein
kann.

HANS KARL *dreht sich plötzlich zu ihm um*: Und deine Mutter?

STANI: Die Mamu?

HANS KARL Ja, wie hat sie es aufgefaßt?

STANI: Feuer und Flamme natürlich. Sie hat ein ganz rotes
Gesicht bekommen vor Freude. Wundert dich das, Onkel
Kari?

HANS KARL: Nur ein bißl, nur eine Idee — ich hab immer den
Eindruck gehabt, daß deine Mutter einen bestimmten Gedanken hat in bezug auf die Helen.

STANI: Eine Aversion?

HANS KARL: Gar nicht. Nur eine Ansicht. Eine Vermutung.

STANI: Früher, die früheren Jahre?

HANS KARL: Nein, vor einer halben Stunde.

STANI: In welcher Richtung? Aber die Mamu ist ja so eine
Windfahn! Das vergißt sie ja im Moment. Vor einem
Entschluß von mir, da ist sie sofort auf den Knien. Da
spürt sie den Mann. Sie adoriert das fait accompli.

HANS KARL: Also, du hast dich entschlossen? —

STANI: Ja, ich bin entschlossen.

HANS KARL: So auf eins, zwei!

STANI: Das ist doch genau das, worauf es ankommt. Das im-
poniert ja den Frauen so enorm an mir. Dadurch eben
behalte ich immer die Führung in der Hand.
Hans Karl raucht.

STANI: Siehst du, du hast vielleicht früher auch einmal daran
gedacht, die Helen zu heiraten —

HANS KARL: Gott, vor Jahren vielleicht. In irgendeinem Moment, wie man an tausend Sachen denkt.

STANI: Begreifst du? Ich hab nie daran gedacht! Aber im
Augenblick, wo ich es denke, bring ich es auch zu Ende. —
Du bist verstimmt?

HANS KARL: Ich habe ganz unwillkürlich einen Moment an
die Antoinette denken müssen.

STANI: Aber jede Sache auf der Welt muß doch ihr Ende
haben.

HANS KARL: Natürlich. Und das beschäftigt dich gar nicht,
ob die Helen frei ist? Sie scheint doch zum Beispiel diesem
Neuhoff Hoffnungen gegeben zu haben.

STANI: Das ist ja genau mein Kalkul. Über Hoffnungen, die sich der Herr von Neuhoff macht, gehe ich einfach hinweg. Und daß für die Helen ein Theophil Neuhoff überhaupt in Frage kommen kann, das beweist doch gerade, daß eine ernste Okkupation bei ihr nicht vorhanden ist. Solche Komplikationen statuier ich nicht. Das sind Launen, oder sagen wir das Wort: Verirrungen.

HANS KARL: Sie ist schwer zu kennen.

STANI: Aber ich kenn doch ihr Genre. In letzter Linie kann die sich für keinen Typ von Männern interessieren als für den unsrigen; alles andere ist eine Verirrung. Du bist so still, hast du dein Kopfweh?

HANS KARL: Aber gar nicht. Ich bewundere deinen Mut.

STANI: Du und Mut und bewundern?

HANS KARL: Das ist eine andere Art von Mut als der im Graben.

STANI: Ja, ich versteh dich ja so gut, Onkel Kari. Du denkst an die Chancen, die ich sonst im Leben gehabt hätte. Du hast das Gefühl, daß ich mich vielleicht zu billig weggeb. Aber siehst du, da bin ich wieder ganz anders: ich liebe das Vernünftige und Definitive. Du, Onkel Kari, bist au fond, verzeih, daß ich es heraussage, ein Idealist: deine Gedanken gehen auf das Absolute, auf das Vollkommene. Das ist ja sehr elegant gedacht, aber unrealisierbar. Au fond bist du da wie die Mamu; der ist nichts gut genug für mich. Ich habe die Sache durchgedacht, wie sie ist. Die Helen ist ein Jahr jünger wie ich.

HANS KARL: Ein Jahr?

STANI: Sie ist ausgezeichnet geboren.

HANS KARL: Man kann nicht besser sein.

STANI: Sie ist elegant.

HANS KARL: Sehr elegant.

STANI: Sie ist reich.

HANS KARL: Und vor allem so hübsch.

STANI: Sie hat Rasse.

HANS KARL: Ohne Vergleich.

STANI: Bitte, vor allem in den zwei Punkten, auf die in der Ehe alles ankommt. Primo: sie kann nicht lügen, secundo: sie hat die besten Manieren von der Welt.

HANS KARL: Sie ist so deliziös artig, wie sonst nur alte Frauen sind.

STANI: Sie ist gescheit wie der Tag.

HANS KARL: Wem sagst du das? Ich hab ihre Konversation so gern.

STANI: Und sie wird mich mit der Zeit adorieren.

HANS KARL *vor sich, unwillkürlich*: Auch das ist möglich.

STANI: Aber nicht möglich. Ganz bestimmt. Bei diesem Genre von Frauen bringt das die Ehe mit sich. In der Liaison hängt alles von Umständen ab, da sind Bizarrerien möglich, Täuschungen, Gott weiß was. In der Ehe beruht alles auf der Dauer; auf die Dauer nimmt jeder die Qualität des andern derart in sich auf, daß von einer wirklichen Differenz nicht mehr die Rede sein kann: unter der einen Voraussetzung, daß die Ehe aus dem richtigen Entschluß hervorgeht. Das ist der Sinn der Ehe.

SIEBZEHNTE SZENE

LUKAS *eintretend*: Frau Gräfin Freudenberg.

CRESCENCE *an Lukas vorbei, tritt schnell ein*: Also, was sagt Er mir zu dem Buben, Kari? Ich bin ja überglücklich. Gratulier Er mir doch!

HANS KARL *ein wenig abwesend*: Meine gute Crescence. Ich wünsch den allergrößten Erfolg.
Stani empfiehlt sich stumm.

CRESCENCE: Schick Er mir das Auto retour.

STANI: Bitte zu verfügen. Ich gehe zu Fuß. *Geht.*

ACHTZEHNTE SZENE

CRESCENCE: Der Erfolg wird sehr stark von dir abhängen.

HANS KARL: Von mir? Ihm stehts doch auf der Stirne geschrieben, daß er erreicht, was er sich vornimmt.

CRESCENCE: Für die Helen ist dein Urteil alles.

HANS KARL: Wieso, Crescence, inwiefern?

CRESCENCE: Für den Vater Altenwyl natürlich noch mehr. Der Stani ist eine sehr nette Partie, aber nicht epatant. Darüber mach ich mir keine Illusionen. Aber wenn Er ihn appuyiert, Kari, ein Wort von Ihm hat gerade für die

43

alten Leut so viel Gewicht. Ich weiß gar nicht, woran das liegt.

HANS KARL: Ich gehör halt selbst schon bald zu ihnen.

CRESCENCE: Kokettier Er nicht mit seinem Alter. Wir zwei sind nicht alt und nicht jung. Aber ich hasse schiefe Positionen. Ich möcht schon lieber mit grauem Haar und einer Hornbrille dasitzen.

HANS KARL: Darum legt Sie sich zeitig aufs Heiratstiften.

CRESCENCE: Ich habe immer für Ihn tun wollen, Kari, schon vor zwölf Jahren. Aber Er hat immer diesen stillen obstinaten Widerspruch in sich gehabt.

HANS KARL: Meine gute Crescence!

CRESCENCE: Hundertmal hab ich Ihm gesagt: sag Er mir, was Er erreichen will, und ich nehms in die Hand.

HANS KARL: Ja, das hat Sie mir oft gesagt, weiß Gott, Crescence.

CRESCENCE: Aber man hat ja bei ihm nicht gewußt, woran man ist!

Hans Karl nickt.

CRESCENCE: Und jetzt macht halt der Stani, was Er nicht hat machen wollen. Ich kann gar nicht erwarten, daß wieder kleine Kinder in Hohenbühl und in Göllersdorf herumlaufen.

HANS KARL: Und in den Schloßteich fallen! Weiß Sie noch, wie sie mich halbtot herausgezogen haben? Weiß Sie — ich hab manchmal die Idee, daß gar nichts Neues auf der Welt passiert.

CRESCENCE: Wie meint Er das?

HANS KARL: Daß alles schon längst irgendwo fertig dasteht und nur auf einmal erst sichtbar wird. Weißt du, wie im Hohenbühler Teich, wenn man im Herbst das Wasser abgelassen hat, auf einmal die Karpfen und die Schweife von den steinernen Tritonen da waren, die man früher kaum gesehen hat? Eine burleske Idee, was!

CRESCENCE: Ist Er denn auf einmal schlecht aufgelegt, Kari?

HANS KARL *gibt sich einen Ruck*: Im Gegenteil, Crescence. Ich danke euch so sehr als ich nur kann, Ihr und dem Stani, für das gute Tempo, das ihr mir gebt mit eurer Frische und eurer Entschiedenheit.

Er küßt ihr die Hand.

CRESCENCE: Findet Er, daß Ihm das gut tut, uns in der Nähe zu haben?

HANS KARL: Ich hab jetzt einen sehr guten Abend vor mir. Zuerst eine ernste Konversation mit der Toinette —

CRESCENCE: Aber das brauchen wir ja jetzt gar nicht!

HANS KARL: Ah, ich red doch mit ihr, jetzt hab ich es mir einmal vorgenommen, und dann soll ich also als Onkel vom Stani die gewissen seriosen Unterhaltungen anknüpfen.

CRESCENCE: Das Wichtigste ist, daß du ihn bei der Helen ins richtige Licht stellst.

HANS KARL: Da hab ich also ein richtiges Programm. Sieht Sie, wie Sie mich reformiert? Aber weiß Sie, vorher — ich hab eine Idee — vorher geh ich für eine Stunde in den Zirkus, da haben sie jetzt einen Clown — eine Art von dummen August —

CRESCENCE: Der Furlani, über den ist die Nanni ganz verrückt. Ich hab gar keinen Sinn für diese Späße.

HANS KARL: Ich find ihn delizios. Mich unterhält er viel mehr als die gescheiteste Konversation von Gott weiß wem. Ich freu mich rasend. Ich gehe in den Zirkus, dann esse ich einen Bissen in einem Restaurant, und dann komm ich sehr munter in die Soiree und absolvier mein Programm.

CRESCENCE: Ja, Er kommt und richtet dem Stani die Helen in die Hand, so was kann Er ja so gut. Er wäre doch ein so wunderbarer Botschafter geworden, wenn Er hätt wollen in der Karriere bleiben.

HANS KARL: Dazu is es halt auch zu spät.

CRESCENCE: Also, amüsier Er sich gut und komm Er bald nach.

Hans Karl begleitet sie bis an die Tür, Crescence geht.

NEUNZEHNTE SZENE

Hans Karl kommt nach vorn. Lukas ist mit ihm hereingetreten.

HANS KARL: Ich ziehe den Frack an. Ich werde gleich läuten.

LUKAS: Sehr wohl, Eure Erlaucht.

Hans Karl links ab

VINZENZ *tritt von rechts ein*: Was machen Sie da?

LUKAS: Ich warte auf das Glockenzeichen vom Toilettezimmer, dann geh ich hinein helfen.

VINZENZ: Ich werde mit hineingehen. Es ist ganz gut, wenn ich mich an ihn gewöhne.

LUKAS: Es ist nicht befohlen, also bleiben Sie draußen.

VINZENZ *nimmt sich eine Zigarre*: Sie, das ist doch ganz ein einfacher, umgänglicher Mensch, die Verwandten machen ja mit ihm, was sie wollen. In einem Monat wickel ich ihn um den Finger.

Lukas schließt die Zigarren ein. Man hört eine Klingel. Lukas beeilt sich.

VINZENZ: Bleiben Sie nur noch. Er soll zweimal läuten.

Setzt sich in einen Fauteuil. Lukas ab in seinem Rücken.

VINZENZ *vor sich*: Liebesbriefe stellt er zurück, den Neffen verheiratet er, und er selber hat sich entschlossen, als ältlicher Junggeselle so dahinzuleben mit mir. Das ist genau, wie ich mirs vorgestellt habe.

Über die Schulter nach rückwärts, ohne sich umzudrehen Sie, Herr Schätz, ich bin ganz zufrieden, da bleib ich!

Der Vorhang fällt.

ZWEITER AKT

Bei Altenwyls. Kleiner Salon im Geschmack des achtzehnten Jahrhunderts. Türen links, rechts und in der Mitte. Altenwyl mit Hans Karl eintretend von rechts. Crescence mit Helene und Neuhoff stehen links im Gespräch.

ERSTE SZENE

ALTENWYL: Mein lieber Kari, ich rechne dir dein Kommen doppelt hoch an, weil du nicht Bridge spielst und also mit den bescheidenen Fragmenten von Unterhaltung vorliebnehmen willst, die einem heutzutage in einem Salon noch geboten werden. Du findest bekanntlich bei mir immer nur die paar alten Gesichter, keine Künstler und sonstige Zelebritäten — die Edine Merenberg ist ja außerordentlich unzufrieden mit dieser altmodischen Hausführung, aber weder meine Helen noch ich goutieren das Genre von Geselligkeit, was der Edine ihr Höchstes ist: wo sie beim ersten Löffel Suppe ihren Tischnachbar interpelliert, ob er an die Seelenwanderung glaubt, oder ob er schon einmal mit einem Fakir Bruderschaft getrunken hat.

CRESCENCE: Ich muß Sie dementieren, Graf Altenwyl, ich hab drüben an meinem Bridgetisch ein ganz neues Gesicht, und wie die Mariette Stradonitz mir zugewispelt hat, ist es ein weltberühmter Gelehrter, von dem wir noch nie was gehört haben, weil wir halt alle Analphabeten sind.

ALTENWYL: Der Professor Brücke ist in seinem Fach eine große Zelebrität und mir ein lieber politischer Kollege. Er genießt es außerordentlich, in einem Salon zu sein, wo er keinen Kollegen aus der gelehrten Welt findet, sozusagen als der einzige Vertreter des Geistes in einem rein sozialen Milieu, und da ihm mein Haus diese bescheidene Annehmlichkeit bieten kann —

CRESCENCE: Ist er verheiratet?

ALTENWYL: Ich habe jedenfalls nie die Ehre gehabt, Madame Brücke zu Gesicht zu bekommen.

CRESCENCE: Ich find die berühmten Männer odios, aber ihre

Fraun noch ärger. Darin bin ich mit dem Kari einer Meinung. Wir schwärmen für triviale Menschen und triviale Unterhaltungen, nicht, Kari?

ALTENWYL: Ich hab darüber meine altmodische Auffassung, die Helen kennt sie.

CRESCENCE: Der Kari soll sagen, daß er mir recht gibt. Ich find, neun Zehntel von dem, was unter der Marke von Geist geht, ist nichts als Geschwätz.

NEUHOFF *zu Helene*: Sind Sie auch so streng, Gräfin Helene?

HELENE: Wir haben alle Ursache, wir jüngeren Menschen, wenn uns vor etwas auf der Welt grausen muß, so davor: daß es etwas gibt wie Konversation: Worte, die alles Wirkliche verflachen und im Geschwätz beruhigen.

CRESCENCE: Sag, daß du mir recht gibst, Kari!

HANS KARL: Ich bitte um Nachsicht. Der Furlani ist keine Vorbereitung darauf, etwas Gescheites zu sagen.

ALTENWYL: In meinen Augen ist Konversation das, was jetzt kein Mensch mehr kennt: nicht selbst perorieren, wie ein Wasserfall, sondern dem andern das Stichwort bringen. Zu meiner Zeit hat man gesagt: wer zu mir kommt, mit dem muß ich die Konversation so führen, daß er, wenn er die Türschnallen in der Hand hat, sich gescheit vorkommt, dann wird er auf der Stiegen mich gescheit finden. — Heutzutag hat aber keiner, pardon für die Grobheit, den Verstand zum Konversationmachen und keiner den Verstand, seinen Mund zu halten — ah, erlaub, daß ich dich mit Baron Neuhoff bekannt mache, mein Vetter Graf Bühl.

NEUHOFF: Ich habe die Ehre, von Graf Bühl gekannt zu sein.

CRESCENCE *zu Altenwyl*: Alle diese gescheiten Sachen müßten Sie der Edine sagen — bei der geht der Kultus für die bedeutenden Menschen und die gedruckten Bücher ins Uferlose. Mir ist schon das Wort odios: bedeutende Menschen — es liegt so eine Präpotenz darin!

ALTENWYL: Die Edine ist eine sehr gescheite Frau, aber sie will immer zwei Fliegen auf einen Schlag erwischen: ihre Bildung vermehren und etwas für ihre Wohltätigkeitsgeschichten herausschlagen.

HELENE: Pardon, Papa, sie ist keine gescheite Frau, sie ist eine dumme Frau, die sich fürs Leben gern mit gescheiten

Leuten umgeben möchte, aber dabei immer die falschen erwischt.

CRESCENCE: Ich wundere mich, daß sie bei ihrer rasenden Zerstreutheit nicht mehr Konfusionen anstellt.

ALTENWYL: Solche Wesen haben einen Schutzengel.

EDINE *tritt dazu durch die Mitteltür*: Ich seh, ihr sprechts von mir, sprechts nur weiter, geniert euch nicht.

CRESCENCE: Na, Edine, hast du den berühmten Mann schon kennengelernt?

EDINE: Ich bin wütend, Graf Altenwyl, daß Sie ihn ihr als Partner gegeben haben und nicht mir.
Setzt sich zu Crescence
Ihr habts keine Idee, wie ich mich für ihn interessier. Ich les doch die Bücher von die Leut. Von diesem Brückner hab ich erst vor ein paar Wochen ein dickes Buch gelesen.

NEUHOFF: Er heißt Brücke. Er ist der zweite Präsident der Akademie der Wissenschaften.

EDINE: In Paris?

NEUHOFF: Nein, hier in Wien.

EDINE: Auf dem Buch ist gestanden: Brückner.

CRESCENCE: Vielleicht war das ein Druckfehler.

EDINE: Es hat geheißen: Über den Ursprung aller Religionen. Da ist eine Bildung drin, und eine Tiefe! Und so ein schöner Stil!

HELENE: Ich werd ihn dir bringen, Tant Edine.

NEUHOFF: Wenn Sie erlauben, werde ich ihn suchen und ihn herbringen, sobald er pausiert.

EDINE: Ja, tun Sie das, Baron Neuhoff. Sagen Sie ihm, daß ich seit Jahren nach ihm fahnde.
Neuhoff geht links ab.

CRESCENCE: Er wird sich nichts Besseres verlangen, mir scheint, er ist ein ziemlicher —

EDINE: Sagts nicht immer gleich »snob«, der Goethe ist auch vor jeder Fürstin und Gräfin — ich hätt bald was gsagt.

CRESCENCE: Jetzt ist sie schon wieder beim Goethe, die Edine!
Sieht sich nach Hans Karl um, der mit Helene nach rechts getreten ist.

HELENE *zu Hans Karl*: Sie haben ihn so gern, den Furlani?

HANS KARL: Für mich ist ein solcher Mensch eine wahre Rekreation.

HELENE: Macht er so geschickte Tricks?

Sie setzt sich rechts, Hans Karl neben ihr. Crescence geht durch die Mitte weg. Altenwyl und Edine haben sich links gesetzt.

HANS KARL: Er macht gar keine Tricks. Er ist doch der dumme August!

HELENE: Also ein Wurstel?

HANS KARL: Nein, das wäre ja outriert! Er outriert nie, er karikiert auch nie. Er spielt seine Rolle: er ist der, der alle begreifen, der allen helfen möchte und dabei alles in die größte Konfusion bringt. Er macht die dümmsten Lazzi, die Galerie kugelt sich vor Lachen, und dabei behält er eine élégance, eine Diskretion, man merkt, daß er sich selbst und alles, was auf der Welt ist, respektiert. Er bringt alles durcheinander, wie Kraut und Rüben; wo er hingeht, geht alles drunter und drüber, und dabei möchte man rufen: »Er hat ja recht!«

EDINE *zu Altenwyl*: Das Geistige gibt uns Frauen doch viel mehr Halt! Das geht der Antoinette zum Beispiel ganz ab. Ich sag ihr immer: sie soll ihren Geist kultivieren, das bringt einen auf andere Gedanken.

ALTENWYL: Zu meiner Zeit hat man einen ganz anderen Maßstab an die Konversation angelegt. Man hat doch etwas auf eine schöne Replik gegeben, man hat sich ins Zeug gelegt, um brillant zu sein.

EDINE: Ich sag: wenn ich Konversation mach, will ich doch woanders hingeführt werden. Ich will doch heraus aus der Banalität. Ich will doch wohintransportiert werden!

HANS KARL *zu Helene, in seiner Konversation fortfahrend*: Sehen Sie, Helen, alle diese Sachen sind ja schwer: die Tricks von den Equilibristen und Jongleurs und alles — zu allem gehört ja ein fabelhaft angespannter Wille und direkt Geist. Ich glaub, mehr Geist, als zu den meisten Konversationen. —

HELENE: Ah, das schon sicher.

HANS KARL: Absolut. Aber das, was der Furlani macht, ist noch um eine ganze Stufe höher, als was alle andern tun. Alle andern lassen sich von einer Absicht leiten und schauen

nicht rechts und nicht links, ja, sie atmen kaum, bis sie ihre
Absicht erreicht haben: darin besteht eben ihr Trick. Er
aber tut scheinbar nichts mit Absicht — er geht immer auf
die Absicht der andern ein. Er möchte alles mittun, was die
andern tun, soviel guten Willen hat er, so fasziniert ist er
von jedem einzelnen Stückl, was irgendeiner vormacht:
wenn er einen Blumentopf auf der Nase balanciert, so
balanciert er ihn auch, sozusagen aus Höflichkeit.

HELENE: Aber er wirft ihn hinunter?

HANS KARL: Aber wie er ihn hinunterwirft, darin liegts!
Er wirft ihn hinunter aus purer Begeisterung und Seligkeit darüber, daß er ihn so schön balancieren kann! Er
glaubt, wenn mans ganz schön machen tät, müßts von selber gehen.

HELENE *vor sich*: Und das hält der Blumentopf gewöhnlich
nicht aus und fällt hinunter.

ALTENWYL *zu Edine*: Dieser Geschäftston heutzutage! Und
ich bitte dich, auch zwischen Männern und Frauen: dieses
gewisse Zielbewußte in der Unterhaltung!

EDINE: Ja, das ist mir auch eine horreur! Man will doch ein
bißl eine schöne Art, ein Versteckenspielen —

ALTENWYL: Die jungen Leut wissen ja gar nicht mehr, daß
die Sauce mehr wert ist als der Braten — da herrscht ja eine
Direktheit!

EDINE: Weil die Leut zu wenig gelesen haben! Weil sie ihren
Geist zu wenig kultivieren!

*Sie sind im Reden aufgestanden und entfernen sich nach
links.*

HANS KARL *zu Helene*: Wenn man dem Furlani zuschaut,
kommen einem die geschicktesten Clowns vulgär vor. Er
ist förmlich schön vor lauter Nonchalance — aber natürlich gehört zu dieser Nonchalance genau das Doppelte wie
zu den andern ihrer Anspannung.

HELENE: Ich begreif, daß Ihnen der Mensch sympathisch ist.
Ich find auch alles, wo man eine Absicht merkt, die da-
hintersteckt, ein bißl vulgär.

HANS KARL: Oho, heute bin ich selber mit Absichten geladen,
und diese Absichten beziehen sich auf Sie, Gräfin Helene.

HELENE *mit einem Zusammenziehen der Augenbrauen*: Oh,
Gräfin Helene! Sie sagen »Gräfin Helene« zu mir?

51

Huberta erscheint in der Mitteltür und streift Hans Karl und Helene mit einem kurzen, aber indiskreten Blick.

HANS KARL *ohne Huberta zu bemerken*: Nein, im Ernst, ich muß Sie um fünf Minuten Konversation bitten — dann später, irgendwann — wir spielen ja beide nicht.

HELENE *etwas unruhig, aber sehr beherrscht*: Sie machen mir angst. Was können Sie mit mir zu reden haben? Da kann nichts Gutes sein.

HANS KARL: Wenn Sies präokkupiert, dann um Gottes willen nicht!

Huberta ist verschwunden.

HELENE *nach einer kleinen Pause*: Wann Sie wollen, aber später. Ich seh die Huberta, die sich langweilt. Ich muß zu ihr gehen.

Steht auf

HANS KARL: Sie sind so deliziös artig.

Ist auch aufgestanden

HELENE: Sie müssen jetzt der Antoinette und den paar andern Frauen guten Abend sagen.

Sie geht von ihm fort, bleibt in der Mitteltür noch stehen. Ich bin nicht artig: ich spür nur, was in den Leuten vorgeht und das belästigt mich — und da reagier ich dagegen mit égards, die ich für die Leut hab. Meine Manieren sind nur eine Art von Nervosität, mir die Leut vom Hals zu halten. *Sie geht. Hans Karl geht langsam ihr nach.*

ZWEITE SZENE

Neuhoff und der berühmte Mann sind gleichzeitig in der Tür links erschienen.

DER BERÜHMTE MANN *in der Mitte des Zimmers angelangt, durch die Tür rechts blickend*: Dort in der Gruppe am Kamin befindet sich jetzt die Dame, um deren Namen ich Sie fragen wollte.

NEUHOFF: Dort in Grau? Das ist die Fürstin Pergen.

DER BERÜHMTE MANN: Nein, die kenne ich seit langem. Die Dame in Schwarz.

NEUHOFF: Die spanische Botschafterin. Sind Sie ihr vorgestellt? Oder darf ich —

Der berühmte Mann: Ich wünsche sehr, ihr vorgestellt zu werden. Aber wir wollen es vielleicht in folgender Weise einrichten —

Neuhoff *mit kaum merklicher Ironie*: Ganz wie Sie befehlen.

Der berühmte Mann: Wenn Sie vielleicht die Güte haben, der Dame zuerst von mir zu sprechen, ihr, da sie eine Fremde ist, meine Bedeutung, meinen Rang in der wissenschaftlichen Welt und in der Gesellschaft klarzulegen — so würde ich mich dann sofort nachher durch den Grafen Altenwyl ihr vorstellen lassen.

Neuhoff: Aber mit dem größten Vergnügen.

Der berühmte Mann: Es handelt sich für einen Gelehrten meines Ranges nicht darum, seine Bekanntschaften zu vermehren, sondern in der richtigen Weise gekannt und aufgenommen zu werden.

Neuhoff: Ohne jeden Zweifel. Hier kommt die Gräfin Merenburg, die sich besonders darauf gefreut hat, Sie kennenzulernen. Darf ich —

Edine *kommt*: Ich freue mich enorm. Einen Mann dieses Ranges bitte ich nicht mir vorzustellen, Baron Neuhoff, sondern mich ihm zu präsentieren.

Der berühmte Mann *verneigt sich*: Ich bin sehr glücklich, Frau Gräfin.

Edine: Es hieße Eulen nach Athen tragen, wenn ich Ihnen sagen wollte, daß ich zu den eifrigsten Leserinnen Ihrer berühmten Werke gehöre. Ich bin jedesmal hingerissen von dieser philosophischen Tiefe, dieser immensen Bildung und diesem schönen Prosastil.

Der berühmte Mann: Ich staune, Frau Gräfin. Meine Arbeiten sind keine leichte Lektüre. Sie wenden sich wohl nicht ausschließlich an ein Publikum von Fachgelehrten, aber sie setzen Leser von nicht gewöhnlicher Verinnerlichung voraus.

Edine: Aber gar nicht! Jede Frau sollte so schöne tiefsinnige Bücher lesen, damit sie sich selbst in eine höhere Sphäre bringt: das sag ich früh und spät der Toinette Hechingen.

Der berühmte Mann: Dürfte ich fragen, welche meiner Arbeiten den Vorzug gehabt hat, Ihre Aufmerksamkeit zu erwecken?

EDINE: Aber natürlich das wunderbare Werk »Über den Ursprung aller Religionen«. Das hat ja eine Tiefe, und ein
erhebende Belehrung schöpft man da heraus —

DER BERÜHMTE MANN *eisig*: Hm. Das ist allerdings ein Werk
von dem viel geredet wird.

EDINE: Aber noch lange nicht genug. Ich sag gerade zur Toinette, das müßte jede von uns auf ihrem Nachtkastl liegen
haben.

DER BERÜHMTE MANN: Besonders die Presse hat ja für dieses Opus eine zügellose Reklame zu inszenieren gewußt

EDINE: Wie können Sie das sagen! Ein solches Werk ist ja
doch das Grandioseste —

DER BERÜHMTE MANN: Es hat mich sehr interessiert, Frau
Gräfin, Sie gleichfalls unter den Lobrednern dieses Pro-
duktes zu sehen. Mir selbst ist das Buch allerdings unbekannt, und ich dürfte mich auch schwerlich entschließen
den Leserkreis dieses Elaborates zu vermehren.

EDINE: Wie? Sie sind nicht der Verfasser?

DER BERÜHMTE MANN: Der Verfasser dieser journalistischen
Kompilation ist mein Fakultätsgenosse Brückner. Es besteht allerdings eine fatale Namensähnlichkeit, aber dies
ist auch die einzige.

EDINE: Das sollte auch nicht sein, daß zwei berühmte Philo-
sophen so ähnliche Namen haben.

DER BERÜHMTE MANN: Das ist allerdings bedauerlich, besonders für mich. Herr Brückner ist übrigens nichts weniger
als Philosoph. Er ist Philologe, ich würde sagen, Salon-
philologe, oder noch besser: philologischer Feuilletonist.

EDINE: Es tut mir enorm leid, daß ich da eine Konfusion
gemacht habe. Aber ich hab sicher auch von Ihren berühmten Werken was zu Haus, Herr Professor. Ich les ja alles
was einen ein bißl vorwärtsbringt. Jetzt hab ich gerad ein
sehr interessantes Buch über den »Semipelagianismus« und
eines über die »Seele des Radiums« zu Hause liegen. Wenn
Sie mich einmal in der Heugasse besuchen —

DER BERÜHMTE MANN *kühl*: Es wird mir eine Ehre sein,
Frau Gräfin. Allerdings bin ich sehr in Anspruch genommen.

EDINE *wollte gehen, bleibt nochmals stehen*: Aber das tut
mir ewig leid, daß Sie nicht der Verfasser sind! Jetzt kann

ich Ihnen auch meine Frage nicht vorlegen! Und ich wäre
jede Wette eingegangen, daß Sie der Einzige sind, der sie
so beantworten könnte, daß ich meine Beruhigung fände.

NEUHOFF: Wollen Sie dem Herrn Professor nicht doch Ihre
Frage vorlegen?

EDINE: Sie sind ja gewiß ein Mann von noch profunderer
Bildung als der andere Herr.
Zu Neuhoff
Soll ich wirklich? Es liegt mir ungeheuer viel an der Aus-
kunft. Ich würde fürs Leben gern eine Beruhigung finden.

DER BERÜHMTE MANN: Wollen sich Frau Gräfin nicht setzen?

EDINE *sich ängstlich umsehend, ob niemand hereintritt, dann
schnell*: Wie stellen Sie sich das Nirwana vor?

DER BERÜHMTE MANN: Hm. Diese Frage aus dem Stegreif
zu beantworten, dürfte allerdings Herr Brückner der richtige Mann sein.
Eine kleine Pause

EDINE: Und jetzt muß ich auch zu meinem Bridge zurück.
Auf Wiedersehen, Herr Professor. *Ab*

DER BERÜHMTE MANN *sichtlich verstimmt*: Hm. —

NEUHOFF: Die arme gute Gräfin Edine! Sie dürfen ihr nichts
übelnehmen.

DER BERÜHMTE MANN *kalt*: Es ist nicht das erste Mal, daß
ich im Laienpublikum ähnlichen Verwechslungen begegne.
Ich bin nicht weit davon, zu glauben, daß dieser Scharlatan
Brückner mit Absicht auf dergleichen hinarbeitet. Sie können kaum ermessen, welche peinliche Erinnerung eine gro-
teske und schiefe Situation, wie die in der wir uns soeben
befunden haben, in meinem Innern hinterläßt. Das erbärmliche Scheinwissen, von den Trompetenstößen einer bübischen Presse begleitet, auf den breiten Wellen der Popu-
larität hinsegeln zu sehen — sich mit dem konfundiert zu
sehen, wogegen man sich mit dem eisigen Schweigen der
Nichtachtung unverbrüchlich gewappnet glaubte —

NEUHOFF: Aber wem sagen Sie das alles, mein verehrter Professor! Bis in die kleine Nuance fühle ich Ihnen nach. Sich
verkannt zu sehen in seinem Besten, früh und spät — das
ist das Schicksal —

DER BERÜHMTE MANN: In seinem Besten.

NEUHOFF: Genau die Seite verkannt zu sehen, auf die alles ankommt —

DER BERÜHMTE MANN: Sein Lebenswerk mit einem journalistischen —

NEUHOFF: Das ist das Schicksal —

DER BERÜHMTE MANN: Die in einer bübischen Presse —

NEUHOFF: — des ungewöhnlichen Menschen, sobald er sich der banalen Menschheit ausliefert, den Frauen, die im Grunde zwischen einer leeren Larve und einem Mann von Bedeutung nicht zu unterscheiden wissen!

DER BERÜHMTE MANN: Den verhaßten Spuren der Pöbelherrschaft bis in den Salon zu begegnen —

NEUHOFF: Erregen Sie sich nicht. Wie kann ein Mann Ihres Ranges — Nichts, was eine Edine Merenburg und tutti quanti vorbringen, reicht nur entfernt an Sie heran.

DER BERÜHMTE MANN: Das ist die Presse, dieser Hexenbrei aus allem und allem! Aber hier hätte ich mich davor sicher gehalten. Ich sehe, ich habe die Exklusivität dieser Kreise überschätzt, wenigstens was das geistige Leben anlangt.

NEUHOFF: Geist und diese Menschen! Das Leben — und diese Menschen! Alle diese Menschen, die Ihnen hier begegnen, existieren ja in Wirklichkeit gar nicht mehr. Das sind ja alles nur mehr Schatten. Niemand, der sich in diesen Salons bewegt, gehört zu der wirklichen Welt, in der die geistigen Krisen des Jahrhunderts sich entscheiden. Sehen Sie doch um sich: eine Erscheinung wie die Figur dort im nächsten Zimmer, vom Scheitel bis zur Sohle sich balancierend in der Selbstsicherheit der unbegrenzten Trivialität — von Frauen und Mädchen umlagert — Kari Bühl.

DER BERÜHMTE MANN: Ist das Graf Bühl?

NEUHOFF: Er selbst, der berühmte Kari.

DER BERÜHMTE MANN: Ich habe bis jetzt keine Gelegenheit gehabt, ihn kennenzulernen. Sind Sie befreundet mit ihm?

NEUHOFF: Nicht allzusehr, aber hinlänglich, um ihn Ihnen in zwei Worten erschöpfend zu charakterisieren: absolutes, anmaßendes Nichts.

DER BERÜHMTE MANN: Er hat einen außerordentlichen Rang innerhalb der ersten Gesellschaft. Er gilt für eine Persönlichkeit.

NEUHOFF: Es ist nichts an ihm, das der Prüfung standhielte.
Rein gesellschaftlich goutiere ich ihn halb aus Gewohn-
heit; aber Sie haben weniger als nichts verloren, wenn Sie
ihn nicht kennenlernen.

DER BERÜHMTE MANN *sieht unverwandt hin*: Ich würde mich
sehr interessieren, seine Bekanntschaft zu machen. Glauben Sie, daß ich mir etwas vergebe, wenn ich mich ihm
nähere?

NEUHOFF: Sie werden Ihre Zeit mit ihm verlieren, wie mit
allen diesen Menschen hier.

DER BERÜHMTE MANN: Ich würde großes Gewicht darauf
legen, mit Graf Bühl in einer wirkungsvollen Weise bekannt gemacht zu werden, etwa durch einen seiner ver-
trauten Freunde.

NEUHOFF: Zu diesen wünsche ich nicht gezählt zu werden,
aber ich werde Ihnen das besorgen.

DER BERÜHMTE MANN: Sie sind sehr liebenswürdig. Oder
meinen Sie, daß ich mir nichts vergeben würde, wenn ich
mich spontan nähern würde?

NEUHOFF: Sie erweisen dem guten Kari in jedem Fall zuviel
Ehre, wenn Sie ihn so ernst nehmen.

DER BERÜHMTE MANN: Ich verhehle nicht, daß ich großes
Gewicht darauf lege, das feine und unbestechliche Votum
der großen Welt den Huldigungen beizufügen, die meinem Wissen im breiten internationalen Laienpublikum
zuteil geworden sind, und in denen ich die Abendröte einer
nicht alltäglichen Gelehrtenlaufbahn erblicken darf.
Sie gehen ab.

DRITTE SZENE

*Antoinette mit Edine, Nanni und Huberta sind indessen in
der Mitteltür erschienen und kommen nach vorne.*

ANTOINETTE: So sagts mir doch was, so gebts mir doch einen
Rat, wenn ihr sehts, daß ich so aufgeregt bin. Da mach ich
doch die irreparablen Dummheiten, wenn man mir nicht
beisteht.

EDINE: Ich bin dafür, daß wir sie lassen. Sie muß wie zufällig ihm begegnen. Wenn wir sie alle convoyieren, so
verscheuchen wir ihn ja geradezu.

HUBERTA: Er geniert sich nicht. Wenn er mit ihr allein reden wollt, da wären wir Luft für ihn.

ANTOINETTE: So setzen wir uns daher. Bleibts alle bei mir, aber nicht auffällig.

Sie haben sich gesetzt.

NANNI: Wir plauschen hier ganz unbefangen: vor allem darfs nicht ausschauen, als ob du ihm nachlaufen tätest.

ANTOINETTE: Wenn man nur das Raffinement von der Helen hätt, die lauft ihm nach auf Schritt und Tritt, und dabei schauts aus, als ob sie ihm aus dem Weg ging'.

EDINE: Ich wär dafür, daß wir sie lassen, und daß sie ganz wie wenn nichts wär auf ihn zuging'.

HUBERTA: In dem Zustand wie sie ist, kann sie doch nicht auf ihn zugehen wie wenn nichts wär.

ANTOINETTE *dem Weinen nah*: Sagts mir doch nicht, daß ich in einem Zustand bin! Lenkts mich doch ab von mir! Sonst verlier ich ja meine ganze Contenance. Wenn ich nur wen zum Flirten da hätt!

NANNI *will aufstehen*: Ich hol ihr den Stani her.

ANTOINETTE: Der Stani tät mir nicht s o viel nützen. Sobald ich weiß, daß der Kari wo in einer Wohnung ist, existieren die andern nicht mehr für mich.

HUBERTA: Der Feri Uhlfeldt tät vielleicht doch noch existieren.

ANTOINETTE: Wenn die Helen in meiner Situation wär, die wüßt sich zu helfen. Sie macht sich mit der größten Unverfrorenheit einen Paravent aus dem Theophil, und dahinter operiert sie.

HUBERTA: Aber sie schaut ja den Theophil gar nicht an, sie is ja die ganze Zeit hinterm Kari her.

ANTOINETTE: Sag mir das noch, damit mir die Farb ganz aus'm Gsicht geht.

Steht auf

Redt er denn mit ihr?

HUBERTA: Natürlich redt er mit ihr.

ANTOINETTE: Immerfort?

HUBERTA: Sooft ich hingeschaut hab.

ANTOINETTE: O mein Gott, wenn du mir lauter unangenehme Sachen sagst, so werd ich ja so häßlich werden!

Sie setzt sich wieder.

NANNI *will aufstehen*: Wenn dir deine drei Freundinnen zuviel sind, so laß uns fort, ich spiel ja auch sehr gern.

ANTOINETTE: So bleibts doch hier, so gebts mir doch einen Rat, so sagts mir doch, was ich tun soll.

HUBERTA: Wenn sie ihm vor einer Stunde die Jungfer ins Haus geschickt hat, so kann sie jetzt nicht die Hochmütige spielen.

NANNI: Umgekehrt sag ich. Sie muß tun, als ob er ihr egal wär. Das weiß ich vom Kartenspielen: wenn man die Karten leichtsinnig in die Hand nimmt, dann kommt 's Glück. Man muß sich immer die innere Überlegenheit menagieren.

ANTOINETTE: Mir is grad zumut, wie wenn ich die Überlegene wär!

HUBERTA: Du behandelst ihn aber ganz falsch, wenn du dich so aus der Hand gibst.

EDINE: Wenn sie sich nur eine Direktive geben ließ'! Ich kenn doch den Männern ihren Charakter.

HUBERTA: Weißt, Edine, die Männer haben recht verschiedene Charaktere.

ANTOINETTE: Das Gescheitste wär, ich fahr nach Haus.

NANNI: Wer wird denn die Karten wegschmeißen, solang er noch eine Chance in der Hand hat.

EDINE: Wenn sie sich nur ein vernünftiges Wort sagen ließe. Ich hab ja einen solchen Instinkt für solche psychologische Sachen. Es wär ja absolut zu machen, daß die Ehe annulliert wird, sie ist eben unter einem moralischen Zwang gestanden die ganzen Jahre, und dann, wenn sie annulliert ist, so heirat' sie ja der Kari, wenn die Sache halbwegs richtig eingefädelt wird.

HUBERTA *die nach rechts gesehen hat*: Pst!

ANTOINETTE *fährt auf*: Kommt er? Mein Gott, wie mir die Knie zittern.

HUBERTA: Die Crescence kommt. Nimm dich zusammen.

ANTOINETTE *vor sich*: Lieber Gott, ich kann sie nicht ausstehen, sie mich auch nicht, aber ich will jede Bassesse machen, weil sie ja seine Schwester is.

CRESCENCE *kommt von rechts*: Grüß euch Gott, was machts
ihr denn? Die Toinette schaut ja ganz zerbeutelt aus.
Sprechts ihr denn nicht? So viele junge Frauen! Da hätt
der Stani halt nicht in den Klub gehen dürfen, wie?

ANTOINETTE *mühsam*: Wir unterhalten uns vorläufig ohne
Herren sehr gut.

CRESCENCE *ohne sich zu setzen*: Was sagts ihr, wie famos die
Helen heut ausschaut? Die wird doch als junge Frau eine
allure haben, daß überhaupt niemand gegen sie aufkommt!

HUBERTA: Is die Helen auf einmal so in der Gnad bei dir?

CRESCENCE: Ihr seids auch herzig. Die Antoinette soll sich
ein bißl schonen. Sie schaut ja aus, als ob sie drei Nächt
nicht geschlafen hätt.
Im Gehen
Ich muß dem Poldo Altenwyl sagen, wie brillant ich die
Helen heut find. *Ab*

ANTOINETTE: Herr Gott, jetzt hab ichs ja schriftlich, daß der
Kari die Helen heiraten will.

EDINE: Wieso denn?

ANTOINETTE: Spürts ihrs denn nicht, wie sie für die zukünftige Schwägerin ins Zeug geht?

NANNI: Aber geh, bring dich nicht um nichts und wieder
nichts hinein in die Verzweiflung. Er wird gleich bei der
Tür hereinkommen.

ANTOINETTE: Wenn er in so einem Moment hereinkommt,
bin ich ja ganz —
Bringt ihr kleines Tuch vor die Augen
— verloren. —

HUBERTA: So gehen wir. Inzwischen beruhigt sie sich.

ANTOINETTE: Nein, gehts ihr zwei und schauts, ob er wieder
mit der Helen redt, und störts ihn dabei. Ihr habts mich
ja oft genug gestört, wenn ich so gern mit ihm allein gewesen wär. Und die Edine bleibt bei mir.
Alle sind aufgestanden, Huberta und Nanni gehen ab.

Antoinette und Edine setzen sich links rückwärts.

EDINE: Mein liebes Kind, du hast diese ganze Geschichte mit dem Kari vom ersten Moment falsch angepackt.

ANTOINETTE: Woher weißt denn du das?

EDINE: Das weiß ich von der Mademoiselle Feydeau, die hat mir haarklein alles erzählt, wie du die ganze Situation in der Grünleiten schon verfahren hast.

ANTOINETTE: Diese mißgünstige Tratschen, was weiß denn die!

EDINE: Aber sie kann doch nichts dafür, wenn sie dich hat mit die nackten Füß über die Stiegen runterlaufen gehört, und gesehen mit offene Haar im Mondschein mit ihm spazierengehen. — Du hast eben die ganze Geschicht von Anfang an viel zu terre à terre angepackt. Die Männer sind ja natürlich sehr terre à terre, aber deswegen muß eben von unserer Seiten etwas Höheres hineingebracht werden. Ein Mann wie der Kari Bühl aber ist sein Leben lang keiner Person begegnet, die ein bißl einen Idealismus in ihn hineingebracht hätte. Und darum ist er selbst nicht imstand, in eine Liebschaft was Höheres hineinzubringen, und so geht das vice versa. Wenn du mich in der ersten Zeit ein bißl um Rat gefragt hättest, wenn du dir hättest ein paar Direktiven geben lassen, ein paar Bücher empfehlen lassen — so wärst du heut seine Frau!

ANTOINETTE: Geh, ich bitt dich, Edine, agacier mich nicht.

SIEBENTE SZENE

HUBERTA *erscheint in der Tür*: Also: der Kari kommt. Er sucht dich.

ANTOINETTE: Jesus Maria!

Sie sind aufgestanden.

NANNI *die rechts hinausgeschaut hat*: Da kommt die Helen aus dem andern Salon.

ANTOINETTE: Mein Gott, gerade in dem Moment, auf den alles ankommt, muß sie daherkommen und mir alles verderben. So tuts doch was dagegen. So gehts ihr doch entgegen. So halts sie doch weg, vom Zimmer da!

HUBERTA: Bewahr doch ein bißl deine Contenance.

NANNI: Wir gehen einfach unauffällig dort hinüber.

ACHTE SZENE

HELENE *tritt ein von rechts*: Ihr schauts ja aus, als ob ihr gerade von mir gesprochen hättets.

Stille

Unterhalts ihr euch? Soll ich euch Herren hereinschicken?

ANTOINETTE *auf sie zu, fast ohne Selbstkontrolle*: Wir unterhalten uns famos, und du bist ein Engel, mein Schatz, daß du dich um uns umschaust. Ich hab dir noch gar nicht guten Abend gesagt. Du schaust schöner aus als je.

Küßt sie

Aber laß uns nur und geh wieder.

HELENE: Stör ich euch? So geh ich halt wieder. *Geht*

NEUNTE SZENE

ANTOINETTE *streicht sich über die Wange, als wollte sie den Kuß abstreifen*: Was mach ich denn? Was laß ich mich denn von ihr küssen? Von dieser Viper, dieser falschen!

HUBERTA: So nimm dich ein bißl zusammen.

ZEHNTE SZENE

Hans Karl ist von rechts eingetreten.

ANTOINETTE *nach einem kurzen Stummsein, Sichducken rasch auf ihn zu, ganz dicht an ihn*: Ich hab die Briefe genommen und verbrannt. Ich bin keine sentimentale Gans, als die mich meine Agathe hinstellt, daß ich mich über alte Briefe totweinen könnt. Ich hab einmal nur das, was ich im Moment hab, und was ich nicht hab, will ich vergessen. Ich leb nicht in der Vergangenheit, dazu bin ich nicht alt genug.

HANS KARL: Wollen wir uns nicht setzen?

Führt sie zu den Fauteuils

ANTOINETTE: Ich bin halt nicht schlau. Wenn man nicht raffiniert ist, dann hat man nicht die Kraft, einen Menschen zu halten, wie Sie einer sind. Denn Sie sind e i n Genre mit Ihrem Vetter Stani. Das möchte ich Ihnen sagen, damit Sie es wissen. Ich kenn euch. Monstros selbstsüchtig und grenzenlos unzart.

Nach einer kleinen Pause

So sagen Sie doch was!

HANS KARL: Wenn Sie erlauben würden, so möchte ich versuchen, Sie an damals zu erinnern —

ANTOINETTE: Ah, ich laß mich nicht malträtieren. — Auch nicht von jemandem, der mir früher einmal nicht gleichgültig war.

HANS KARL: Sie waren damals, ich meine vor zwei Jahren, Ihrem Mann momentan entfremdet. Sie waren in der großen Gefahr, in die Hände von einem Unwürdigen zu fallen. Da ist jemand gekommen — der war — zufällig ich. Ich wollte Sie — beruhigen — das war mein einziger Gedanke — Sie der Gefahr entziehen — von der ich Sie bedroht gewußt — oder gespürt hab. Das war eine Verkettung von Zufällen — eine Ungeschicklichkeit — ich weiß nicht, wie ich es nennen soll —

ANTOINETTE: Diese paar Tage damals in der Grünleiten sind das einzige wirklich Schöne in meinem ganzen Leben. Die laß ich nicht — Die Erinnerung daran laß ich mir nicht heruntersetzen.

Steht auf

HANS KARL *leise*: Aber ich hab ja alles so lieb. Es war ja so schön.

Antoinette setzt sich, mit einem ängstlichen Blick auf ihn.

HANS KARL: Es war ja so schön!

ANTOINETTE: »Das war zufällig ich.« Damit wollen Sie mich insultieren. Sie sind draußen zynisch geworden. Ein zynischer Mensch, das ist das richtige Wort. Sie haben die Nuance verloren für das Mögliche und das Unmögliche. Wie haben Sie gesagt? Es war eine »Ungeschicklichkeit« von Ihnen? Sie insultieren mich ja in einem fort.

HANS KARL: Es ist draußen viel für mich anders geworden.

Aber zynisch bin ich nicht geworden. Das Gegenteil, Antoinette. Wenn ich an unsern Anfang denke, so ist mir das etwas so Zartes, so Mysterioses, ich getraue mich kaum, es vor mir selbst zu denken. Ich möchte mich fragen: Wie komm ich denn dazu? Hab ich denn dürfen? Aber
Sehr leise
ich bereu nichts.

ANTOINETTE *senkt die Augen*: Aller Anfang ist schön.

HANS KARL: In jedem Anfang liegt die Ewigkeit.

ANTOINETTE *ohne ihn anzusehen*: Sie halten au fond alles für möglich und alles für erlaubt. Sie wollen nicht sehen, wie hilflos ein Wesen ist, über das Sie hinweggehen — wie preisgegeben, denn das würde vielleicht Ihr Gewissen aufwecken.

HANS KARL: Ich habe keins.
Antoinette sieht ihn an.

HANS KARL: Nicht in bezug auf uns.

ANTOINETTE: Jetzt war ich das und das von Ihnen — und weiß in diesem Augenblick so wenig, woran ich mit Ihnen bin, als wenn nie was zwischen uns gewesen wär. Sie sind ja fürchterlich.

HANS KARL: Nichts ist bös. Der Augenblick ist nicht bös, nur das Festhalten-Wollen ist unerlaubt. Nur das Sich-Festkrampeln an das, was sich nicht halten läßt —

ANTOINETTE: Ja, wir leben halt nicht nur wie die gewissen Fliegen vom Morgen bis zur Nacht. Wir sind halt am nächsten Tag auch noch da. Das paßt euch halt schlecht, solchen wie du einer bist.

HANS KARL: Alles was geschieht, das macht der Zufall. Es ist nicht zum Ausdenken, wie zufällig wir alle sind, und wie uns der Zufall zueinanderjagt und auseinanderjagt, und wie jeder mit jedem hausen könnte, wenn der Zufall es wollte.

ANTOINETTE: Ich will nicht —

HANS KARL *spricht weiter, ohne ihren Widerstand zu respektieren*: Darin ist aber so ein Grausen, daß der Mensch etwas hat finden müssen, um sich aus diesem Sumpf herauszuziehen, bei seinem eigenen Schopf. Und so hat er das Institut gefunden, das aus dem Zufälligen und Unreinen das Notwendige, das Bleibende und das Gültige macht: die Ehe.

ANTOINETTE: Ich spür, du willst mich verkuppeln mit meinem Mann. Es war nicht ein Augenblick, seitdem du hiersitzt, wo ich mich hätte foppen lassen und es nicht gespürt hätte. Du nimmst dir wirklich alles heraus, du meinst schon, daß du alles darfst, zuerst verführen, dann noch beleidigen.

HANS KARL: Ich bin kein Verführer, Toinette, ich bin kein Frauenjäger.

ANTOINETTE: Ja, das ist dein Kunststückl, damit hast du mich herumgekriegt, daß du kein Verführer bist, kein Mann für Frauen, daß du nur ein Freund bist, aber ein wirklicher Freund. Damit kokettierst du, so wie du mit allem kokettierst, was du hast, und mit allem, was dir fehlt. Man müßte, wenns nach dir ging', nicht nur verliebt in dich sein, sondern dich noch liebhaben über die Vernunft hinaus, und um deiner selbst willen, und nicht einmal nur als Mann — sondern — ich weiß ja gar nicht, wie ich sagen soll, o mein Gott, warum muß ein und derselbe Mensch so charmant sein und zugleich so monstros eitel und selbstsüchtig und herzlos!

HANS KARL: Weiß Sie, Toinette, was Herz ist, weiß Sie das? Daß ein Mann Herz für eine Frau hat, das kann er nur durch eins zeigen, nur durch ein einziges auf der Welt: durch die Dauer, durch die Beständigkeit. Nur dadurch: das ist die Probe, die einzige.

ANTOINETTE: Laß mich mit dem Ado — ich kann mit dem Ado nicht leben —

HANS KARL: Der hat dich lieb. Einmal und für alle Male. Der hat dich gewählt unter allen Frauen der Welt, und er hat dich liebbehalten und wird dich liebhaben für immer, weißt du, was das heißt? Für immer, gescheh dir, was da will. Einen Freund haben, der dein ganzes Wesen liebhat, für den du immer ganz schön bist, nicht nur heut und morgen, auch später, viel später, für den seine Augen der Schleier, den die Jahre, oder was kommen kann, über dein Gesicht werfen — für seine Augen ist das nicht da, du bist immer die du bist, die Schönste, die Liebste, die Eine, die Einzige.

ANTOINETTE: So hat er mich nicht gewählt. Geheiratet hat er mich halt. Von dem andern weiß ich nichts.

HANS KARL: Aber er weiß davon.

ANTOINETTE: Das, was Sie da reden, das gibts alles nicht.
Das redet er sich ein — das redet er Ihnen ein — Ihr seids
einer wie der andere, ihr Männer, Sie und der Ado und
der Stani, ihr seids alle aus einem Holz geschnitzt, und
darum verstehts ihr euch so gut und könnts euch so gut in
die Hände spielen.

HANS KARL: Das redet er mir nicht ein, das weiß ich, Toinette.
Das ist eine heilige Wahrheit, die weiß ich — ich muß sie
immer schon gewußt haben, aber draußen ist sie erst ganz
deutlich für mich geworden: es gibt einen Zufall, der
macht scheinbar alles mit uns, wie er will — aber mitten
in dem Hierhin- und Dorthingeworfenwerden und der
Stumpfheit und Todesangst, da spüren wir und wissen es
auch, es gibt halt auch eine Notwendigkeit, die wählt uns
von Augenblick zu Augenblick, die geht ganz leise, ganz
dicht am Herzen vorbei und doch so schneidend scharf wie
ein Schwert. Ohne die wäre da draußen kein Leben mehr
gewesen, sondern nur ein tierisches Dahintaumeln. Und
die gleiche Notwendigkeit gibts halt auch zwischen Männern und Frauen — wo die ist, da ist ein Zueinandermüssen
und Verzeihung und Versöhnung und Beieinanderbleiben.
Und da dürfen Kinder sein, und da ist eine Ehe und ein
Heiligtum, trotz allem und allem —

ANTOINETTE *steht auf*: Alles was du redst, das heißt ja gar
nichts anderes, als daß du heiraten willst, daß du dem-
nächst die Helen heiraten wirst.

HANS KARL *bleibt sitzen, hält sie*: Aber ich denk doch nicht
an die Helen! Ich red doch von dir. Ich schwör dir, daß ich
von dir red.

ANTOINETTE: Aber dein ganzes Denken dreht sich um die
Helen.

HANS KARL: Ich schwöre dir: ich hab einen Auftrag an die
Helen. Ganz einen andern als du dir denkst. Ich sag ihr
noch heute —

ANTOINETTE: Was sagst du ihr noch heute — ein Geheimnis?

HANS KARL: Keines, das mich betrifft.

ANTOINETTE: Aber etwas, das dich mit ihr verbindet?

HANS KARL: Aber das Gegenteil!

ANTOINETTE: Das Gegenteil? Ein Adieu — du sagst ihr, was
ein Adieu ist zwischen dir und ihr?

HANS KARL: Zu einem Adieu ist kein Anlaß, denn es war ja nie etwas zwischen mir und ihr. Aber wenns Ihr Freud macht, Toinette, so kommts beinah auf ein Adieu hinaus.

ANTOINETTE: Ein Adieu fürs Leben?

HANS KARL: Ja, fürs Leben, Toinette.

ANTOINETTE *sieht ihn ganz an*: Fürs Leben?

Nachdenklich

Ja, sie ist so eine Heimliche und tut nichts zweimal und redt nichts zweimal. Sie nimmt nichts zurück — sie hat sich in der Hand: ein Wort muß für sie entscheidend sein. Wenn du ihr sagst: Adieu — dann wirds für sie sein Adieu und auf immer. Für sie wohl.

Nach einer kleinen Pause

Ich laß mir von dir den Ado nicht einreden. Ich mag seine Händ nicht. Sein Gesicht nicht. Seine Ohren nicht.

Sehr leise

Deine Hände hab ich lieb. — Was bist denn du? Ja, wer bist denn du? Du bist ein Zyniker, ein Egoist, ein Teufel bist du! Mich sitzenlassen ist dir zu gewöhnlich. Mich behalten, dazu bist du zu herzlos. Mich hergeben, dazu bist du zu raffiniert. So willst du mich zugleich loswerden und doch in deiner Macht haben, und dazu ist dir der Ado der Richtige. — Geh hin und heirat die Helen. Heirat, wenn du willst! Ich hab mit deiner Verliebtheit vielleicht was anzufangen, mit deinen guten Ratschlägen aber gar nix.

Will gehen. Hans Karl tut einen Schritt auf sie zu.

ANTOINETTE: Laß Er mich gehen.

Sie geht ein paar Schritte, dann halb zu ihm gewendet.

Was soll denn jetzt aus mir werden? Red Er mir nur den Feri Uhlfeldt aus, der hat so viel Kraft, wenn er was will. Ich hab gesagt, ich mag ihn nicht, er hat gesagt, ich kann nicht wissen, wie er als Freund ist, weil ich ihn noch nicht als Freund gehabt hab. Solche Reden verwirren einen so.

Halb unter Tränen, zart

Jetzt wird Er an allem schuld sein, was mir passiert.

HANS KARL: Sie braucht eins in der Welt: einen Freund. Einen guten Freund.

Er küßt ihr die Hände

Sei Sie gut mit dem Ado.

ANTOINETTE: Mit dem kann ich nicht gut sein.

HANS KARL: Sie kann mit jedem.

ANTOINETTE *sanft*: Kari, insultier Er mich doch nicht.

HANS KARL: Versteh Sie doch, wie ich meine.

ANTOINETTE: Ich versteh Ihn ja sonst immer gut.

HANS KARL: Könnt Sies nicht versuchen?

ANTOINETTE: Ihm zulieb könnt ichs versuchen. Aber Er müßt dabei sein und mir helfen.

HANS KARL: Jetzt hat Sie mir ein halbes Versprechen gegeben.

ELFTE SZENE

Der berühmte Mann ist von rechts eingetreten, sucht sich Hans Karl zu nähern, die beiden bemerken ihn nicht.

ANTOINETTE: Er hat mir was versprochen.

HANS KARL: Für die erste Zeit.

ANTOINETTE *dicht bei ihm*: Mich liebhaben!

DER BERÜHMTE MANN: Pardon, ich störe wohl.
Schnell ab

HANS KARL *dicht bei ihr*: Das tu ich ja.

ANTOINETTE: Sag Er mir sehr was Liebes: nur für den Moment. Der Moment ist ja alles. Ich kann nur im Moment leben. Ich hab so ein schlechtes Gedächtnis.

HANS KARL: Ich bin nicht verliebt in Sie, aber ich hab Sie lieb.

ANTOINETTE: Und das, was Er der Helen sagen wird, ist ein Adieu?

HANS KARL: Ein Adieu.

ANTOINETTE: So verhandelt Er mich, so verkauft Er mich!

HANS KARL: Aber Sie war mir doch noch nie so nahe.

ANTOINETTE: Er wird oft zu mir kommen, mir zureden? Er kann mir ja alles einreden.
Hans Karl küßt sie auf die Stirn, fast ohne es zu wissen.

ANTOINETTE: Dank schön.
Läuft weg durch die Mitte

HANS KARL *steht verwirrt, sammelt sich*: Arme, kleine Antoinette.

CRESCENCE *kommt durch die Mitte, sehr rasch*: Also brillant hast du das gemacht. Das ist ja erste Klasse, wie du so was deichselst.

HANS KARL: Wie? Aber du weißt doch gar nicht.

CRESCENCE: Was brauch ich noch zu wissen. Ich weiß alles. Die Antoinette hat die Augen voller Tränen, sie stürzt an mir vorbei, sowie sie merkt, daß ichs bin, fällt sie mir um den Hals und ist wieder dahin wie der Wind, das sagt mir doch alles. Du hast ihr ins Gewissen geredet, du hast ihr besseres Selbst aufgeweckt, du hast ihr klargemacht, daß sie sich auf den Stani keine Hoffnungen mehr machen darf. und du hast ihr den einzigen Ausweg aus der verfahrenen Situation gezeigt, daß sie zu ihrem Mann zurück soll und trachten soll, ein anständiges, ruhiges Leben zu führen.

HANS KARL: Ja, so ungefähr. Aber es hat sich im Detail nicht so abgespielt. Ich hab nicht deine zielbewußte Art. Ich komm leicht von meiner Linie ab, das muß ich schon gestehen.

CRESCENCE: Aber das ist doch ganz egal. Wenn du in so einem Tempo ein so brillantes Resultat erzielst, jetzt, wo du in dem Tempo drin bist, kann ich gar nicht erwarten, daß du die zwei Konversationen mit der Helen und mit dem Poldo Altenwyl absolvierst. Ich bitt dich, geh sie nur an, ich halt dir die Daumen, denk doch nur, daß dem Stani sein Lebensglück von deiner Suada abhängt.

HANS KARL: Sei außer Sorg, Crescence, ich hab jetzt grad während dem Reden mit der Antoinette Hechingen so die Hauptlinien gesehen für meine Konversation mit der Helen. Ich bin ganz in der Stimmung. Weißt du, das ist ja meine Schwäche, daß ich so selten das Definitive vor mir sehe: aber diesmal seh ichs.

CRESCENCE: Siehst du, das ist das Gute, wenn man ein Programm hat. Da kommt ein Zusammenhang in die ganze Geschichte. Also komm nur: wir suchen zusammen die Helen. sie muß ja in einem von den Salons sein, und sowie wir sie finden, laß ich dich allein mit ihr. Und sobald wir ein Resultat haben, stürz ich ans Telephon und depeschier den Stani hierher.

Crescence und Hans Karl gehen links hinaus. Helene mit Neuhoff treten von rechts herein. Man hört eine gedämpfte Musik aus einem entfernten Salon.

NEUHOFF *hinter ihr*: Bleiben Sie stehen. Diese nichtsnutzige, leere, süße Musik und dieses Halbdunkel modellieren Sie wunderbar.

HELENE *ist stehengeblieben, geht aber jetzt weiter auf die Fauteuils links zu*: Ich stehe nicht gern Modell, Baron Neuhoff.

NEUHOFF: Auch nicht, wenn ich die Augen schließe?
Helene sagt nichts, sie steht links.

NEUHOFF: Ihr Wesen, Helene! Wie niemand je war, sind Sie. Ihre Einfachheit ist das Resultat einer ungeheuren Anspannung. Regungslos wie eine Statue vibrieren Sie in sich, niemand ahnt es, der es aber ahnt, der vibriert mit Ihnen.
Helene sieht ihn an, setzt sich.

NEUHOFF *nicht ganz nahe*: Wundervoll ist alles an Ihnen. Und dabei, wie alles Hohe, fast erschreckend selbstverständlich.

HELENE: Ist Ihnen das Hohe selbstverständlich? Das war ein nobler Gedanke.

NEUHOFF: Vielleicht könnte man seine Frau werden — das war es, was Ihre Lippen sagen wollten, Helene!

HELENE: Lesen Sie von den Lippen wie die Taubstummen?

NEUHOFF *einen Schritt näher*: Sie werden mich heiraten, weil Sie meinen Willen spüren in einer willenlosen Welt.

HELENE *vor sich*: Muß man? Ist es ein Gebot, dem eine Frau sich fügen muß: wenn sie gewählt und gewollt wird?

NEUHOFF: Es gibt Wünsche, die nicht weither sind. Die darf man unter seine schönen rassigen Füße treten. Der meine ist weither. Er ist gewandert um die halbe Welt. Hier fand er sein Ziel. Sie wurden gefunden, Helene Altenwyl, vom stärksten Willen auf dem weitesten Umweg, in der kraftlosesten aller Welten.

HELENE: Ich bin aus ihr und bin nicht kraftlos.

NEUHOFF: Ihr habt dem schönen Schein alles geopfert, auch
die Kraft. Wir, dort in unserm nordischen Winkel, wo uns
die Jahrhunderte vergessen, wir haben die Kraft behalten.
So stehen wir gleich zu gleich und doch ungleich zu ungleich, und aus dieser Ungleichheit ist mir mein Recht über
Sie erwachsen.

HELENE: Ihr Recht?

NEUHOFF: Das Recht des geistig Stärksten über die Frau, die
er zu vergeistigen vermag.

HELENE: Ich mag nicht diese mystischen Redensarten.

NEUHOFF: Es waltet etwas Mystik zwischen zwei Menschen,
die sich auf den ersten Blick erkannt haben. Ihr Stolz soll
es nicht verneinen.

HELENE *ist aufgestanden*: Er verneint es immer wieder.

NEUHOFF: Helene, bei Ihnen wäre meine Rettung — meine
Zusammenfassung, meine Ermöglichung!

HELENE: Ich will von niemand wissen, der sein Leben unter
solche Bedingungen stellt!
*Sie tut ein paar Schritte an ihm vorbei; ihr Blick haftet
an der offenen Tür rechts, wo sie eingetreten ist.*

NEUHOFF: Wie Ihr Gesicht sich verändert! Was ist das, Helene?
Helene schweigt, sieht nach rechts.

NEUHOFF *ist hinter sie getreten, folgt ihrem Blick*: Oh! Graf
Bühl erscheint auf der Bildfläche!
Er tritt zurück von der Tür.
Sie fühlen magnetisch seine Nähe — ja spüren Sie denn
nicht, unbegreifliches Geschöpf, daß Sie für ihn nicht da
sind?

HELENE: Ich bin schon da für ihn, irgendwie bin ich schon
da!

NEUHOFF: Verschwenderin! Sie leihen ihm alles, auch noch
die Kraft, mit der er Sie hält.

HELENE: Die Kraft, mit der ein Mensch einen hält — die hat
ihm wohl Gott gegeben.

NEUHOFF: Ich staune. Womit übt ein Kari Bühl diese Faszi-
nation über Sie? Ohne Verdienst, sogar ohne Bemühung,
ohne Willen, ohne Würde —

HELENE: Ohne Würde!

NEUHOFF: Der schlaffe zweideutige Mensch hat keine Würde.

HELENE: Was für Worte gebrauchen Sie da?

NEUHOFF: Mein nördlicher Jargon klingt etwas scharf in Ihre schöngeformten Ohren. Aber ich vertrete seine Schärfe. Zweideutig nenne ich den Mann, der sich halb verschenkt und sich halb zurückbehält — der Reserven in allem und jedem hält — in allem und jedem Berechnungen —

HELENE: Berechnung und Kari Bühl! Ja, sehen Sie ihn denn wirklich so wenig! Freilich ist es unmöglich, sein letztes Wort zu finden, das bei andern so leicht zu finden ist. Die Ungeschicklichkeit, die ihn so liebenswürdig macht, der timide Hochmut, seine Herablassung, freilich ist alles ein Versteckenspiel, freilich läßt es sich mit plumpen Händen nicht fassen. — Die Eitelkeit erstarrt ihn ja nicht, durch die alle andern steif und hölzern werden — die Vernunft erniedrigt ihn ja nicht, die aus den meisten so etwas Gewöhnliches macht — er gehört nur sich selber — niemand kennt ihn, da ist es kein Wunder, daß Sie ihn nicht kennen!

NEUHOFF: So habe ich Sie nie zuvor gesehen, Helene. Ich genieße diesen unvergleichlichen Augenblick! Einmal sehe ich Sie, wie Gott Sie geschaffen hat, Leib und Seele. Ein Schauspiel für Götter. Pfui über die Weichheit bei Männern wie bei Frauen! Aber Strenge, die weich wird, ist herrlich über alles!

Helene schweigt.

NEUHOFF: Gestehen Sie mir zu, es zeugt von etwas Superiorität, wenn ein Mann es an einer Frau genießen kann, wie sie einen andern bewundert. Aber ich vermag es: denn ich bagatellisiere Ihre Bewunderung für Kari Bühl.

HELENE: Sie verwechseln die Nuancen. Sie sind aigriert, wo es nicht am Platz ist.

NEUHOFF: Über was ich hinweggehe, das aigriert mich nicht.

HELENE: Sie kennen ihn nicht! Sie haben ihn kaum gesprochen.

NEUHOFF: Ich habe ihn besucht —

Helene sieht ihn an.

NEUHOFF: Es ist nicht zu sagen, wie dieser Mensch Sie preisgibt — Sie bedeuten ihm nichts. Sie sind es, über die er hinweggeht.

HELENE *ruhig*: Nein.

72

NEUHOFF: Es war ein Zweikampf zwischen mir und ihm,
ein Zweikampf um Sie — und ich bin nicht unterlegen.

HELENE: Nein, es war kein Zweikampf. Es verdient keinen
so heroischen Namen. Sie sind hingegangen, um dasselbe
zu tun, was ich in diesem Augenblick tu!
Lacht
Ich gebe mir alle Mühe, den Grafen Bühl zu sehen, ohne
daß er mich sieht. Aber ich tue es ohne Hintergedanken.

NEUHOFF: Helene!

HELENE: Ich denke nicht, dabei etwas wegzutragen, das mir
nützen könnte!

NEUHOFF: Sie treten mich ja in den Staub, Helene — und ich
lasse mich treten!
Helene schweigt.

NEUHOFF: Und nichts bringt mich näher?

HELENE: Nichts.
Sie geht einen Schritt auf die Tür rechts zu.

NEUHOFF: Alles an Ihnen ist schön, Helene. Wenn Sie sich
niedersetzen, ist es, als ob sie ausruhen müßten von einem
großen Schmerz — und wenn Sie quer durchs Zimmer
gehen, ist es, als ob Sie einer ewigen Entscheidung ent-
gegengingen.
*Hans Karl ist in der Tür rechts erschienen. Helene gibt
Neuhoff keine Antwort. Sie geht lautlos langsam auf die
Tür rechts zu. Neuhoff geht schnell links hinaus.*

VIERZEHNTE SZENE

HANS KARL: Ja, ich habe mit Ihnen zu reden.

HELENE: Ist es etwas sehr Ernstes?

HANS KARL: Es kommt vor, daß es einem zugemutet wird.
Durchs Reden kommt ja alles auf der Welt zustande. Allerdings, es ist ein bißl lächerlich, wenn man sich einbildet,
durch wohlgesetzte Wörter eine weiß Gott wie große Wirkung auszuüben, in einem Leben, wo doch schließlich alles
auf das Letzte, Unaussprechliche ankommt. Das Reden ba-
siert auf einer indezenten Selbstüberschätzung.

HELENE: Wenn alle Menschen wüßten, wie unwichtig sie
sind, würde keiner den Mund aufmachen.

HANS KARL: Sie haben einen so klaren Verstand, Helene. Sie wissen immer in jedem Moment so sehr, worauf es ankommt.

HELENE: Weiß ich das?

HANS KARL: Man versteht sich mit Ihnen ausgezeichnet. Da muß man sehr achtgeben.

HELENE *sieht ihn an*: Da muß man achtgeben?

HANS KARL: Freilich. Sympathie ist ganz gut, aber auf ihr herumzureiten, wäre doch namenlos indiskret. Darum muß man doch gerade auf der Hut sein, wenn man das Gefühl hat, sich sehr gut zu verstehen.

HELENE: Das müssen Sie tun, natürlich. So ist Ihre Natur. Wer sich einfallen ließe, Sie fixieren zu wollen, wäre schon verloren. Aber wer glaubt, daß Sie ihm für immer adieu gesagt haben, dem könnte passieren, daß Sie ihm wieder guten Tag sagen. — Heut hat die Antoinette wieder Charme für Sie gehabt.

HANS KARL: Sie bemerken alles!

HELENE: Sie verbrauchen auf Ihre Art die armen Frauen, aber Sie haben sie gar nicht sehr lieb. Es gehört viel Contenance dazu oder ein bißl Gewöhnlichkeit, um Ihre Freundin zu bleiben.

HANS KARL: Wenn Sie mich so sehen, dann bin ich Ihnen ja direkt unsympathisch!

HELENE: Gar nicht. Sie sind charmant. Sie sind bei all dem wie ein Kind.

HANS KARL: Wie ein Kind? Und dabei bin ich nahezu ein alter Mensch. Das ist doch ein horreur. Mit neununddreißig Jahren nicht wissen, woran man mit sich selber ist, das ist doch eine Schand.

HELENE: Ich brauchte nie nachzudenken, woran ich mit mir selber bin. Bei mir ist wirklich gar nichts los, es ist nichts da als ein anständiges, ruhiges Benehmen.

HANS KARL: Sie haben so eine reizende Art!

HELENE: Ich möchte nicht sentimental sein, das langweilt mich. Ich möchte lieber terre à terre sein, wie Gott weiß wer, als sentimental. Ich möchte auch nicht spleenig sein, und ich möchte nicht kokett sein. So bleibt mir nichts übrig, als möglichst artig zu sein.

Hans Karl schweigt.

HELENE: Au fond können wir Frauen tun, was wir wollen,
meinetwegen Solfèges singen oder politisieren, wir meinen
immer noch was andres damit. — Solfèges singen ist indis-
kreter, Artigsein ist diskreter, es drückt die bestimmte Absicht aus, keine Indiskretionen zu begehen. Weder gegen
sich, noch gegen einen andern.

HANS KARL: Alles an Ihnen ist besonders und schön. Ihnen
kann ja gar nichts geschehen. Heiraten Sie wen immer, heiraten Sie den Neuhoff, nein, den Neuhoff, wenn sichs vermeiden läßt, lieber nicht, aber den ersten besten frischen
Menschen, einen Menschen wie meinen Neffen Stani, ja
wirklich, Helene, heiraten Sie den Stani, er möchte so gern,
und Ihnen kann ja gar nichts passieren. Sie sind ja unzerstörbar, das steht ja deutlich in Ihrem Gesicht geschrieben.
Ich bin immer fasziniert von einem wirklich schönen Gesicht — aber das Ihre —

HELENE: Ich möchte nicht, daß Sie so mit mir reden, Graf
Bühl.

HANS KARL: Aber nein, an Ihnen ist ja nicht die Schönheit
das Entscheidende, sondern etwas ganz anderes: in Ihnen
liegt das Notwendige. Sie können mich natürlich nicht verstehen, ich versteh mich selbst viel schlechter, wenn ich
red, als wenn ich still bin. Ich kann gar nicht versuchen,
Ihnen das zu explizieren, es ist halt etwas, was ich draußen begreifen gelernt habe: daß in den Gesichtern der
Menschen etwas geschrieben steht. Sehen Sie, auch in
einem Gesicht wie dem von der Antoinette kann ich
lesen —

HELENE *mit einem flüchtigen Lächeln*: Aber davon bin ich
überzeugt.

HANS KARL *ernst*: Ja, es ist ein charmantes, liebes Gesicht,
aber es steht immer ein und derselbe stumme Vorwurf in
ihm eingegraben: Warum habts ihr mich alle dem fürchter-
lichen Zufall überlassen? Und das gibt ihrer kleinen Maske
etwas so Hilfloses, Verzweifeltes, daß man Angst um sie
haben könnte.

HELENE: Aber die Antoinette ist doch da. Sie existiert doch
so ganz für den Moment. So müssen doch Frauen sein, der
Moment ist ja alles. Was soll denn die Welt mit einer Person anfangen, wie ich bin? Für mich ist ja der Moment

gar nicht da, ich stehe da und sehe die Lampen dort brennen, und in mir sehe ich sie schon ausgelöscht. Und ich
spreche mit Ihnen, wir sind ganz allein in einem Zimmer,
aber in mir ist das jetzt schon vorbei: wie wenn irgendein
gleichgültiger Mensch hereingekommen wäre und uns gestört hätte, die Huberta oder der Theophil Neuhoff oder
wer immer, und das schon vorüber wäre, daß ich mit Ihnen
allein dagesessen bin, bei dieser Musik, die zu allem auf der
Welt besser paßt, als zu uns beiden — und Sie schon wieder
irgendwo dort zwischen den Leuten. Und ich auch irgendwo zwischen den Leuten.

HANS KARL *leise*: Jeder muß glücklich sein, der mit Ihnen
leben darf, und muß Gott danken bis an sein Lebensende,
Helen, bis an sein Lebensende, seis wers sei. Nehmen Sie
nicht den Neuhoff, Helen, — eher einen Menschen wie den
Stani, oder auch nicht den Stani, einen ganz andern, der
ein braver nobler Mensch ist— und ein Mann: das ist alles,
was ich nicht bin.

Er steht auf.

HELENE *steht auch auf, sie spürt, daß er gehen will*: Sie sagen
mir ja adieu!

Hans Karl gibt keine Antwort.

HELENE: Auch das hab ich voraus gewußt. Daß einmal ein
Moment kommen wird, wo Sie mir so plötzlich adieu sagen
werden und ein Ende machen — wo gar nichts war. Aber
denen, wo wirklich was war, denen können Sie nie adieu
sagen.

HANS KARL: Helen, es sind gewisse Gründe.

HELENE: Ich glaube, ich habe alles in der Welt, was sich auf
uns zwei bezieht, schon einmal gedacht. So sind wir schon
einmal gestanden, so hat eine fade Musik gespielt, und so
haben Sie mir adieu gesagt, einmal für allemal.

HANS KARL: Es ist nicht nur so aus diesem Augenblick heraus, Helen, daß ich Ihnen adieu sage. O nein, das dürfen
Sie nicht glauben. Denn daß man jemandem adieu sagen
muß, dahinter versteckt sich ja was.

HELENE: Was denn?

HANS KARL: Da muß man ja sehr zu jemandem gehören und
doch nicht ganz zu ihm gehören dürfen.

HELENE *zuckt*: Was wollen Sie damit sagen?

HANS KARL: Da draußen, da war manchmal was — mein Gott, ja, wer könnte denn das erzählen!

HELENE: Ja, mir. Jetzt.

HANS KARL: Da waren solche Stunden, gegen Abend oder in der Nacht, der frühe Morgen mit dem Morgenstern — Helen, Sie waren da sehr nahe von mir. Dann war dieses Verschüttetwerden, Sie haben davon gehört —

HELENE: Ja, ich hab davon gehört —

HANS KARL: Das war nur ein Moment, dreißig Sekunden sollen es gewesen sein, aber nach innen hat das ein anderes Maß. Für mich wars eine ganze Lebenszeit, die ich gelebt hab, und in diesem Stück Leben, da waren Sie meine Frau. Ist das nicht spaßig?

HELENE: Da war ich Ihre Frau?

HANS KARL: Nicht meine zukünftige Frau. Das ist das Sonderbare. Meine Frau ganz einfach. Als ein fait accompli. Das Ganze hat eher etwas Vergangenes gehabt als etwas Zukünftiges.

Helene schweigt.

HANS KARL: Mein Gott, ich bin eben nicht möglich, das sag ich ja der Crescence! Jetzt sitz ich da neben Ihnen in einer Soiree und verlier mich in Geschichten, wie der alte Millesimo, Gott hab ihn selig, den schließlich die Leut allein sitzen haben lassen, mit seinen Anekdoten ohne Pointe, und der das gar nicht bemerkt hat und mutterseelenallein weitererzählt hat.

HELENE: Aber ich laß Sie gar nicht sitzen, ich hör zu, Graf Kari. Sie haben mir etwas sagen wollen, war es das?

HANS KARL: Nämlich: das war eine sehr subtile Lektion, die mir da eine höhere Macht erteilt hat. Ich werd Ihnen sagen, Helen, was die Lektion bedeutet hat.

Helene hat sich gesetzt, er setzt sich auch, die Musik hat aufgehört.

HANS KARL: Es hat mir in einem ausgewählten Augenblick ganz eingeprägt werden sollen, wie das Glück ausschaut, das ich mir verscherzt habe. Wodurch ich mirs verscherzt habe, das wissen Sie ja so gut wie ich.

HELENE: Das weiß ich so gut wie sie?

HANS KARL: Indem ich halt, solange noch Zeit war, nicht erkannt habe, worin das Einzige liegen könnte, worauf es

77

ankäm. Und daß ich das nicht erkannt habe, das war eben die Schwäche meiner Natur. Und so habe ich diese Prüfung nicht bestanden. Später im Feldspital, in den vielen ruhigen Tagen und Nächten hab ich das alles mit einer unbeschreiblichen Klarheit und Reinheit erkennen können.

HELEN: War es das, was Sie mir haben sagen wollen, genau das?

HANS KARL: Die Genesung ist so ein merkwürdiger Zustand. Darin ist mir die ganze Welt wiedergekommen, wie etwas Reines, Neues und dabei so Selbstverständliches. Ich hab da auf einmal ausdenken können, was das ist: ein Mensch. Und wie das sein muß: zwei Menschen, die ihr Leben aufeinanderlegen und werden wie ein Mensch. Ich habe — in der Ahnung wenigstens — mir vorstellen können — was da dazu gehört, wie heilig das ist und wie wunderbar. Und sonderbarerweise, es war nicht meine Ehe, die ganz ungerufen die Mitte von diesem Denken war — obwohl es ja leicht möglich ist, daß ich noch einmal heirat —, sondern es war Ihre Ehe.

HELENE: Meine Ehe! Meine Ehe — mit wem denn?

HANS KARL: Das weiß ich nicht. Aber ich hab mir das in einer ganz genauen Weise vorstellen können, wie das alles sein wird, und wie es sich abspielen wird, mit ganz wenigen Leuten und ganz heilig und feierlich, und wie alles so sein wird, wie sichs gehört zu Ihren Augen und zu Ihrer Stirn und zu Ihren Lippen, die nichts Überflüssiges reden können, und zu ihren Händen, die nichts Unwürdiges besiegeln können — und sogar das Ja-Wort hab ich gehört, ganz klar und rein, von Ihrer klaren, reinen Stimme — ganz von weitem, denn ich war doch natürlich nicht dabei, ich war doch nicht dabei! — Wie käm ich als ein Außenstehender zu der Zeremonie. — Aber es hat mich gefreut, Ihnen einmal zu sagen, wie ichs Ihnen mein. — Und das kann man natürlich nur in einem besonderen Moment; wie der jetzige, sozusagen in einem definitiven Moment —

Helene ist dem Umsinken nah, beherrscht sich aber.

HANS KARL *Tränen in den Augen*: Mein Gott, jetzt hab ich Sie ganz bouleversiert, das liegt an meiner unmöglichen Art, ich attendrier mich sofort, wenn ich von was sprech oder hör, was nicht aufs Allerbanalste hinausgeht — es sind die Nerven seit der Geschichte, aber das steckt sensible Menschen wie Sie natürlich an — ich gehör eben nicht unter Menschen — das sag ich ja der Crescence — ich bitt Sie tausendmal um Verzeihung, vergessen Sie alles, was ich da Konfuses zusammengeredt hab — es kommen ja in so einem Abschiedsmoment tausend Erinnerungen durcheinander —

Hastig, weil er fühlt, daß sie nicht mehr allein sind
— aber wer sich beisammen hat, der vermeidet natürlich, sie auszukramen — Adieu, Helen, Adieu.

Der berühmte Mann ist von rechts eingetreten.

HELENE *kaum ihrer selbst mächtig*: Adieu!

Sie wollen sich die Hände geben, keine Hand findet die andere. Hans Karl will fort nach rechts. Der berühmte Mann tritt auf ihn zu. Hans Karl sieht sich nach links um. Crescence tritt von links ein.

DER BERÜHMTE MANN: Es war seit langem mein lebhafter Wunsch, Euer Erlaucht —

HANS KARL *eilt fort nach rechts*: Pardon, mein Herr! *An ihm vorbei*

Crescence tritt zu Helene, die totenblaß dasteht. Der berühmte Mann ist verlegen abgegangen. Hans Karl erscheint nochmals in der Tür rechts, sieht herein, wie unschlüssig, und verschwindet gleich wieder, wie er Crescence bei Helene sieht.

HELENE *zu Crescence, fast ohne Besinnung*: Du bists, Crescence? Er ist ja noch einmal hereingekommen. Hat er noch etwas gesagt?

Sie taumelt, Crescence hält sie.

CRESCENCE: Aber ich bin ja so glücklich. Deine Ergriffenheit macht mich ja so glücklich!

HELENE: Pardon, Crescence, sei mir nicht bös!

Macht sich los und läuft weg nach links

CRESCENCE: Ihr habts euch eben beide viel lieber, als ihr wißts, der Stani und du!

Sie wischt sich die Augen.

Der Vorhang fällt.

DRITTER AKT

Vorsaal im Altenwylschen Haus. Rechts der Ausgang in die Einfahrt. Treppe in der Mitte. Hinaufführend zu einer Galerie, von der links und rechts je eine Flügeltür in die eigentlichen Gemächer führt. Unten neben der Treppe niedrige Diwans oder Bänke.

ERSTE SZENE

KAMMERDIENER *steht beim Ausgang rechts. Andere Diener stehen außerhalb, sind durch die Glasscheiben des Windfangs sichtbar. Kammerdiener ruft den andern Dienern zu:* Herr Hofrat Professor Brücke! *Der berühmte Mann kommt die Treppe herunter. Diener kommt von rechts mit dem Pelz, in dem innen zwei Cachenez hängen, mit Überschuhen.*

KAMMERDIENER *während dem berühmten Mann in die Überkleider geholfen wird:* Befehlen Herr Hofrat ein Auto?

DER BERÜHMTE MANN: Ich danke. Ist Seine Erlaucht, der Graf Bühl nicht soeben vor mir gewesen?

KAMMERDIENER: Soeben im Augenblick.

DER BERÜHMTE MANN: Ist er fortgefahren?

KAMMERDIENER: Nein, Erlaucht hat sein Auto weggeschickt, er hat zwei Herren vorfahren sehen und ist hinter die Portiersloge getreten und hat sie vorbeigelassen. Jetzt muß er gerade aus dem Haus sein.

DER BERÜHMTE MANN *beeilt sich:* Ich werde ihn einholen. *Er geht, man sieht zugleich draußen Stani und Hechingen eintreten.*

ZWEITE SZENE

Stani und Hechingen treten ein, hinter jedem ein Diener, der ihm Überrock und Hut abnimmt.

STANI *grüßt im Vorbeigehen den berühmten Mann:* Guten Abend, Wenzel, meine Mutter ist da?

KAMMERDIENER: Sehr wohl, Frau Gräfin sind beim Spiel.
Tritt ab, ebenso wie die andern Diener. Stani will hinauf-
gehen, Hechingen steht seitlich an einem Spiegel, sichtlich
nervös. Ein anderer Altenwyler Diener kommt die Treppe
herab.

STANI *hält den Diener auf*: Sie kennen mich?

DIENER: Sehr wohl, Herr Graf.

STANI: Gehen Sie durch die Salons und suchen Sie den Grafen Bühl, bis Sie ihn finden. Dann nähern Sie sich ihm
unauffällig und melden ihm, ich lasse ihn bitten auf ein
Wort, entweder im Eckzimmer der Bildergalerie oder im
chinesischen Rauchzimmer. Verstanden? Also was werden
Sie sagen?

DIENER: Ich werde melden, Herr Graf Freudenberg wünschen mit Seiner Erlaucht privat ein Wort zu sprechen,
entweder im Ecksalon —

STANI: Gut.

Diener geht.

HECHINGEN: Pst, Diener!

Diener hört ihn nicht, geht oben hinein. Stani hat sich ge-
setzt. Hechingen sieht ihn an.

STANI: Wenn du vielleicht ohne mich eintreten würdest? Ich
habe eine Post hinaufgeschickt, ich warte hier einen Moment, bis er mir die Antwort bringt.

HECHINGEN: Ich leiste dir Gesellschaft.

STANI: Nein, ich bitte sehr, daß du dich durch mich nicht
aufhalten läßt. Du warst ja sehr pressiert, herzukommen —

HECHINGEN: Mein lieber Stani, du siehst mich in einer ganz
besonderen Situation vor dir. Wenn ich jetzt die Schwelle
dieses Salons überschreite, so entscheidet sich mein Schicksal.

STANI *enerviert über Hechingens nervöses Aufundabgehen*:
Möchtest du nicht vielleicht Platz nehmen? Ich wart nur
auf den Diener, wie gesagt.

HECHINGEN: Ich kann mich nicht setzen, ich bin zu agitiert.

STANI: Du hast vielleicht ein bissel schnell den Schampus
hinuntergetrunken.

HECHINGEN: Auf die Gefahr hin, dich zu langweilen, mein
lieber Stani, muß ich dir gestehen, daß für mich in dieser
Stunde außerordentlich Großes auf dem Spiel steht.

STANI *während Hechingen sich wieder nervös zerstreut von ihm entfernt*: Aber es steht ja öfter irgend etwas Serioses auf dem Spiel. Es kommt nur darauf an, sich nichts merken zu lassen.

HECHINGEN *wieder näher*: Dein Onkel Kari hat es in seiner freundschaftlichen Güte auf sich genommen, mit der Antoinette, mit meiner Frau, ein Gespräch zu führen, dessen Ausgang wie gesagt —

STANI: Der Onkel Kari?

HECHINGEN: Ich mußte mir sagen, daß ich mein Schicksal in die Hand keines nobleren, keines selbstloseren Freundes —

STANI: Aber natürlich. — Wenn er nur die Zeit gefunden hat?

HECHINGEN: Wie?

STANI: Er übernimmt manchmal ein bißl viel, der Onkel Kari. Wenn irgend jemand etwas von ihm will — er kann nicht nein sagen.

HECHINGEN: Es war abgemacht, daß ich im Club ein telephonisches Signal erwarte, ob ich hierherkommen soll, oder ob mein Erscheinen noch nicht opportun ist.

STANI: Ah. Da hätte ich aber an deiner Stelle auch wirklich gewartet.

HECHINGEN: Ich war nicht mehr imstande, länger zu warten. Bedenke, was für mich auf dem Spiel steht!

STANI: Über solche Entscheidungen muß man halt ein bißl erhaben sein. Aha!

Sieht den Diener, der oben heraustritt. Diener kommt die Treppe herunter. Stani ihm entgegen, läßt Hechingen stehen.

DIENER: Nein, ich glaube, Seine Erlaucht müssen fort sein.

STANI: Sie glauben? Ich habe Ihnen gesagt, Sie sollen herumgehen, bis Sie ihn finden.

DIENER: Verschiedene Herrschaften haben auch schon gefragt, Seine Erlaucht müssen rein unauffällig verschwunden sein.

STANI: Sapristi! Dann gehen Sie zu meiner Mutter und melden Sie ihr, ich lasse vielmals bitten, sie möchte auf einen Moment zu mir in den vordersten Salon herauskommen. Ich muß meinen Onkel oder sie sprechen, bevor ich eintrete.

DIENER: Sehr wohl.

Geht wieder hinauf

HECHINGEN: Mein Instinkt sagt mir, daß der Kari in der Minute heraustreten wird, um mir das Resultat zu verkünden, und daß es ein glückliches sein wird.

STANI: So einen sicheren Instinkt hast du? Ich gratuliere.

HECHINGEN: Etwas hat ihn abgehalten zu telephonieren, aber er hat mich herbeigewünscht. Ich fühle mich ununterbrochen im Kontakt mit ihm.

STANI: Fabelhaft!

HECHINGEN: Das ist bei uns gegenseitig. Sehr oft spricht er etwas aus, was ich im gleichen Augenblick mir gedacht habe.

STANI: Du bist offenbar ein großartiges Medium.

HECHINGEN: Mein lieber Freund, wie ich ein junger Hund war wie du, hätte ich auch viel nicht für möglich gehalten, aber wenn man seine Fünfunddreißig auf dem Buckel hat, da gehen einem die Augen für so manches auf. Es ist ja, wie wenn man früher taub und blind gewesen wäre.

STANI: Was du nicht sagst!

HECHINGEN: Ich verdank ja dem Kari geradezu meine zweite Erziehung. Ich lege Gewicht darauf, klarzustellen, daß ich ohne ihn einfach aus meiner verworrenen Lebenssituation nicht herausgefunden hätte.

STANI: Das ist enorm.

HECHINGEN: Ein Wesen wie die Antoinette, mag man auch ihr Mann gewesen sein, das sagt noch gar nichts, man hat eben keine Ahnung von dieser inneren Feinheit. Ich bitte nicht zu übersehen, daß ein solches Wesen ein Schmetterling ist, dessen Blütenstaub man schonen muß. Wenn du sie kennen würdest, ich meine näher kennen —

Stani, verbindliche Gebärde

HECHINGEN: Ich faß mein Verhältnis zu ihr so auf, daß es einfach meine Schuldigkeit ist, ihr die Freiheit zu gewähren, deren ihre bizarre, phantasievolle Natur bedarf. Sie hat die Natur der grande dame des achtzehnten Jahrhunderts. Nur dadurch, daß man ihr die volle Freiheit gewährt, kann man sie an sich fesseln.

STANI: Ah.

Hechingen: Man muß large sein, das ist es, was ich dem Kari verdanke. Ich würde keineswegs etwas Irreparable darin erblicken, einen Menschen, der sie verehrt. in larger Weise heranzuziehen.

Stani: Ich begreife.

Hechingen: Ich würde mich bemühen, meinen Freund aus ihm zu machen, nicht aus Politik, sondern ganz unbefangen. Ich würde ihm herzlich entgegenkommen: das ist die Art wie der Kari mir gezeigt hat, daß man die Menschen nehmen muß: mit einem leichten Handgelenk.

Stani: Aber es ist nicht alles au pied de la lettre zu nehmen was der Onkel Kari sagt.

Hechingen: Au pied de la lettre natürlich nicht. Ich würde dich bitten, nicht zu übersehen, daß ich genau fühle, worauf es ankommt. Es kommt alles auf ein gewisses Etwas an auf eine Grazie — ich möchte sagen, es muß alles ein beständiges Impromptu sein.

Er geht nervös auf und ab.

Stani: Man muß vor allem seine tenue zu wahren wissen. Beispielsweise, wenn der Onkel Kari eine Entscheidung über was immer zu erwarten hätte, so würde kein Mensch ihm etwas anmerken.

Hechingen: Aber natürlich. Dort hinter dieser Statue oder hinter der großen Azalee würde er mit der größten Nonchalance stehen und plauschen — ich mal mir das aus! Auf die Gefahr hin, dich zu langweilen, ich schwör dir, daß ich jede kleine Nuance, die in ihm vorgehen würde, nachempfinden kann.

Stani: Da wir uns aber nicht beide hinter die Azalee stellen können und dieser Idiot von Diener absolut nicht wieder kommt, so werden wir vielleicht hinaufgehen.

Hechingen: Ja, gehen wir beide. Es tut mir wohl, diesen Augenblick nicht allein zu verbringen. Mein lieber Stani, ich hab eine so aufrichtige Sympathie für dich!

Hängt sich in ihn ein

Stani *indem er seinen Arm von dem Hechingens entfernt* Aber vielleicht nicht bras dessus bras dessous wie die Komtessen, wenn sie das erste Jahr ausgehen, sondern jede extra.

Hechingen: Bitte, bitte, wie dirs genehm ist. —

DIENER: Sehr wohl.

Geht wieder hinauf

HECHINGEN: Mein Instinkt sagt mir, daß der Kari in der Minute heraustreten wird, um mir das Resultat zu verkünden, und daß es ein glückliches sein wird.

STANI: So einen sicheren Instinkt hast du? Ich gratuliere.

HECHINGEN: Etwas hat ihn abgehalten zu telephonieren, aber er hat mich herbeigewünscht. Ich fühle mich ununterbrochen im Kontakt mit ihm.

STANI: Fabelhaft!

HECHINGEN: Das ist bei uns gegenseitig. Sehr oft spricht er etwas aus, was ich im gleichen Augenblick mir gedacht habe.

STANI: Du bist offenbar ein großartiges Medium.

HECHINGEN: Mein lieber Freund, wie ich ein junger Hund war wie du, hätte ich auch viel nicht für möglich gehalten, aber wenn man seine Fünfunddreißig auf dem Buckel hat, da gehen einem die Augen für so manches auf. Es ist ja, wie wenn man früher taub und blind gewesen wäre.

STANI: Was du nicht sagst!

HECHINGEN: Ich verdank ja dem Kari geradezu meine zweite Erziehung. Ich lege Gewicht darauf, klarzustellen, daß ich ohne ihn einfach aus meiner verworrenen Lebenssituation nicht herausgefunden hätte.

STANI: Das ist enorm.

HECHINGEN: Ein Wesen wie die Antoinette, mag man auch ihr Mann gewesen sein, das sagt noch gar nichts, man hat eben keine Ahnung von dieser inneren Feinheit. Ich bitte nicht zu übersehen, daß ein solches Wesen ein Schmetterling ist, dessen Blütenstaub man schonen muß. Wenn du sie kennen würdest, ich meine näher kennen —

Stani, verbindliche Gebärde

HECHINGEN: Ich faß mein Verhältnis zu ihr so auf, daß es einfach meine Schuldigkeit ist, ihr die Freiheit zu gewähren, deren ihre bizarre, phantasievolle Natur bedarf. Sie hat die Natur der grande dame des achtzehnten Jahrhunderts. Nur dadurch, daß man ihr die volle Freiheit gewährt, kann man sie an sich fesseln.

STANI: Ah.

HELENE: Nein, ich werde ganz allein gehen, auch die Miß Jekyll wird mich nicht begleiten. Ich werde hier herausgehen in einem Augenblick, wenn niemand von den Gästen hier fortgeht. Und ich werde Ihnen einen Brief für den Papa geben.

KAMMERDIENER: Befehlen, daß ich den dann gleich hineintrage?

HELENE: Nein, geben Sie ihn dem Papa, wenn er die letzten Gäste begleitet hat.

KAMMERDIENER: Wenn sich alle Herrschaften verabschiedet haben?

HELENE: Ja, im Moment, wo er befiehlt, das Licht auszulöschen. Aber dann bleiben Sie bei ihm. Ich möchte, daß Sie —

Sie stockt.

KAMMERDIENER: Befehlen?

HELENE: Wie alt war ich, Wenzel, wie Sie hier ins Haus gekommen sind?

KAMMERDIENER: Fünf Jahre altes Mäderl waren Komtesse.

HELENE: Es ist gut, Wenzel, ich danke Ihnen. Ich werde hier herauskommen, und Sie werden mir ein Zeichen geben, ob der Weg frei ist.

Reicht ihm ihre Hand zum Küssen

KAMMERDIENER: Befehlen.

Küßt die Hand. Helene geht wieder ab durch die kleine Tür.

VIERTE SZENE

Antoinette und Neuhoff kommen rechts seitwärts der Treppe aus dem Wintergarten.

ANTOINETTE: Das war die Helen. War sie allein? Hat sie mich gesehen?

NEUHOFF: Ich glaube nicht. Aber was liegt daran? Jedenfalls haben Sie diesen Blick nicht zu fürchten.

ANTOINETTE: Ich fürcht mich vor ihr. Sooft ich an sie denk, glaub ich, daß mich wer angelogen hat. Gehen wir woanders hin, wir können nicht hier im Vestibül sitzen.

NEUHOFF: Beruhigen Sie sich. Kari Bühl ist fort. Ich habe soeben gesehen, wie er fortgegangen ist.

ANTOINETTE: Gerade jetzt im Augenblick?

NEUHOFF *versteht, woran sie denkt*: Er ist unbemerkt und unbegleitet fortgegangen.

ANTOINETTE: Wie?

NEUHOFF: Eine gewisse Person hat ihn nicht bis hierher begleitet und hat überhaupt in der letzten halben Stunde seines Hierseins nicht mit ihm gesprochen. Ich habe es festgestellt. Seien Sie ruhig.

ANTOINETTE: Er hat mir geschworen, er wird ihr adieu sagen für immer. Ich möcht ihr Gesicht sehen, dann wüßt ich —

NEUHOFF: Dieses Gesicht ist hart wie Stein. Bleiben Sie bei mir hier.

ANTOINETTE: Ich —

NEUHOFF: Ihr Gesicht ist entzückend. Andere Gesichter verstecken alles. Das Ihrige ist ein unaufhörliches Geständnis. Man könnte diesem Gesicht alles entreißen, was je in Ihnen vorgegangen ist.

ANTOINETTE: Man könnte? Vielleicht — wenn man einen Schatten von Recht dazu hätte.

NEUHOFF: Man nimmt das Recht dazu aus dem Moment. Sie sind eine Frau, eine wirkliche, entzückende Frau. Sie gehören keinem und jedem! Nein: Sie haben noch keinem gehört, Sie warten noch immer.

ANTOINETTE *mit einem kleinen nervösen Lachen*: Nicht auf Sie!

NEUHOFF: Ja, genau auf mich, das heißt auf den Mann, den Sie noch nicht kennen, auf den wirklichen Mann, auf Ritterlichkeit, auf Güte, die in der Kraft wurzelt. Denn die Karis haben Sie nur malträtiert, betrogen vom ersten bis zum letzten Augenblick, diese Sorte von Menschen ohne Güte, ohne Kern, ohne Nerv, ohne Loyalität! Diese Schmarotzer, denen ein Wesen wie Sie immer wieder und wieder in die Schlinge fällt, ungelohnt, unbedankt, unbeglückt, erniedrigt in ihrer zartesten Weiblichkeit!
Will ihre Hand ergreifen

ANTOINETTE: Wie Sie sich echauffieren! Aber vor Ihnen bin ich sicher, Ihr kalter, wollender Verstand hebt ja den Kopf aus jedem Wort, das Sie reden. Ich hab nicht einmal Angst vor Ihnen. Ich will Sie nicht!

NEUHOFF: Mein Verstand, ich haß ihn ja! Ich will ja erlöst
sein von ihm, mich verlangt ja nichts anderes, als ihn be
Ihnen zu verlieren, süße kleine Antoinette!
Er will ihre Hand nehmen. Hechingen wird oben sichtbar
tritt aber gleich wieder zurück. Neuhoff hat ihn gesehen
nimmt ihre Hand nicht, ändert die Stellung und den Ge
sichtsausdruck.

ANTOINETTE: Ah, jetzt hab ich Sie durch und durch gesehen
Wie sich das jäh verändern kann in Ihrem Gesicht! Ich
will Ihnen sagen, was jetzt passiert ist: jetzt ist oben die
Helen vorbeigegangen, und in diesem Augenblick hab ich
in Ihnen lesen können wie in einem offenen Buch. Dépi
und Ohnmacht, Zorn, Scham und die Lust, mich zu krie
gen — faute de mieux —, das alles war zugleich darin. Die
Edine schimpft mit mir, daß ich komplizierte Bücher nich
lesen kann. Aber das war recht kompliziert, und ich hab
doch lesen können in einem Nu. Geben Sie sich keine Müh
mit mir. Ich mag nicht!

NEUHOFF *beugt sich zu ihr*: Du sollst wollen!

ANTOINETTE *steht auf*: Oho! Ich mag nicht! Ich mag nicht
Denn das, was da aus Ihren Augen hervorwill und mich
in seine Gewalt kriegen will, aber nur will! — kann sein
daß das sehr männlich ist — aber ich mags nicht. Und wenn
das Euer Bestes ist, so hat jede einzelne von uns, und wär
sie die Gewöhnlichste, etwas in sich, das besser ist als Euer
Bestes, und das gefeit ist gegen Euer Bestes durch ein bisser
eine Angst. Aber keine solche Angst, die einen schwindlig
macht, sondern eine ganz nüchterne, ganz prosaische.
Sie geht gegen die Treppe, bleibt noch einmal stehen.
Verstehen Sie mich? Bin ich ganz deutlich? Ich fürcht mich
vor Ihnen, aber nicht genug, das ist Ihr Pech. Adieu, Baron
Neuhoff.
Neuhoff ist schnell nach dem Wintergarten abgegangen.

Hechingen tritt oben herein, er kommt sehr schnell die Treppe
herunter. Antoinette ist betroffen und tritt zurück.

HECHINGEN: Toinette!

ANTOINETTE *unwillkürlich*: Auch das noch!

HECHINGEN: Wie sagst du?

ANTOINETTE: Ich bin überrascht — das mußt du doch begreifen.

HECHINGEN: Und ich bin glücklich. Ich danke meinem Gott,
ich danke meiner Chance, ich danke diesem Augenblick!

ANTOINETTE: Du siehst ein bißl verändert aus. Dein Ausdruck ist anders, ich weiß nicht, woran es liegt. Bist du
nicht ganz wohl?

HECHINGEN: Liegt es nicht daran, daß diese schwarzen Augen
mich lange nicht angeschaut haben?

ANTOINETTE: Aber es ist ja nicht so lang her, daß man sich
gesehen hat.

HECHINGEN: Sehen und Anschaun ist zweierlei, Toinette.
Er ist ihr näher gekommen. Antoinette tritt zurück.

HECHINGEN: Vielleicht aber ist es etwas anderes, das mich
verändert hat, wenn ich die Unbescheidenheit haben darf,
von mir zu sprechen.

ANTOINETTE: Was denn? Ist etwas passiert? Interessierst du
dich für wen?

HECHINGEN: Deinen Charme, deinen Stolz im Spiel zu sehen,
die ganze Frau, die man liebt, plötzlich vor sich zu sehen,
sie leben zu sehen!

ANTOINETTE: Ah, von mir ist die Rede!

HECHINGEN: Ja, von dir. Ich war so glücklich, dich einmal
so zu sehen wie du bist, denn da hab ich dich einmal nicht
intimidiert. O meine Gedanken, wie ich da oben gestanden bin! Diese Frau begehrt von allen und allen sich versagend! Mein Schicksal, dein Schicksal, denn es ist unser
beider Schicksal. Setz dich zu mir!
Er hat sich gesetzt, streckt die Hand nach ihr aus.

ANTOINETTE: Man kann so gut im Stehen miteinander reden,
wenn man so alte Bekannte ist.

HECHINGEN *ist wieder aufgestanden*: Ich hab dich nicht gekannt. Ich hab erst andere Augen bekommen müssen. Der zu dir kommt, ist ein andrer, ein Verwandelter.

ANTOINETTE: Du hast so einen neuen Ton in deinen Reden. Wo hast du dir das angewöhnt?

HECHINGEN: Der zu dir redet, das ist der, den du nicht kennst, Toinette, so wie er dich nicht gekannt hat! Und der sich nichts anderes wünscht, nichts anderes träumt, als von dir gekannt zu sein und dich zu kennen.

ANTOINETTE: Ado, ich bitt dich um alles, red nicht mit mir, als wenn ich eine Speisewagenbekanntschaft aus einem Schnellzug wäre.

HECHINGEN: Mit der ich fahren möchte, fahren bis ans Ende der Welt!

Will ihre Hand küssen, sie entzieht sie ihm.

ANTOINETTE: Ich bitt dich, merk doch, daß mich das crispiert. Ein altes Ehepaar hat doch einen Ton miteinander. Den wechselt man doch nicht, das ist ja zum Schwindligwerden.

HECHINGEN: Ich weiß nichts von einem alten Ehepaar, ich weiß nichts von unserer Situation.

ANTOINETTE: Aber das ist doch die gegebene Situation.

HECHINGEN: Gegeben? Das alles gibts ja gar nicht. Hier bist du und ich, und alles fängt wieder vom Frischen an.

ANTOINETTE: Aber nein, gar nichts fängt vom Frischen an.

HECHINGEN: Das ganze Leben ist ein ewiges Wiederanfangen.

ANTOINETTE: Nein, nein, ich bitt dich um alles, bleib doch in deinem alten Genre. Ich kanns sonst nicht aushalten. Sei mir nicht bös, ich hab ein bißl Migräne, ich hab schon früher nach Haus fahren wollen, bevor ich gewußt hab, daß ich dich — ich hab doch nicht wissen können!

HECHINGEN: Du hast nicht wissen können, wer der sein wird, der vor dich hintreten wird, und daß es nicht dein Mann ist, sondern ein neuer enflammierter Verehrer, enflammiert wie ein Bub von zwanzig Jahren! Das verwirrt dich, das macht dich taumeln.

Will ihre Hand nehmen

ANTOINETTE: Nein, es macht mich gar nicht taumeln, es macht mich ganz nüchtern. So terre à terre machts mich, alles kommt mir so armselig vor und ich mir selbst. Ich

hab heute einen unglücklichen Abend, bitte, tu mir einen
einzigen Gefallen, laß mich nach Haus fahren.

HECHINGEN: Oh, Antoinette!

ANTOINETTE: Das heißt, wenn du mir etwas Bestimmtes hast
sagen wollen,so sags mir, ich werds sehr gern anhören, aber
ich bitt dich um eins! Sags ganz in deinem gewöhnlichen
Ton, so wie immer.

Hechingen, betrübt und ernüchtert, schweigt.

ANTOINETTE: So sag doch, was du mir hast sagen wollen.

HECHINGEN: Ich bin betroffen zu sehen, daß meine Gegenwart dich einerseits zu überraschen, anderseits zu belasten
scheint. Ich durfte mich der Hoffnung hingeben, daß ein
lieber Freund Gelegenheit genommen haben würde, dir
von mir, von meinen unwandelbaren Gefühlen für dich
zu sprechen. Ich habe mir zurechtgelegt, daß auf dieser
Basis eine improvisierte Aussprache zwischen uns mög-
licherweise eine veränderte Situation schon vorfindet oder
wenigstens schaffen würde können. — Ich würde dich bitten, nicht zu übersehen, daß du mir die Gelegenheit, dir
von meinem eigenen Innern zu sprechen, bisher nicht gewährt hast — ich fasse mein Verhältnis zu dir so auf, Antoinette — langweil ich dich sehr?

ANTOINETTE: Aber ich bitt dich, sprich doch weiter. Du hast
mir doch was sagen wollen. Anders kann ich mir dein Herkommen nicht erklären.

HECHINGEN: Ich faß unser Verhältnis als ein solches auf, das
nur mich, nur mich, Antoinette, bindet, das mir, nur mir
eine Prüfungszeit auferlegt, deren Dauer du zu bestimmen
hast.

ANTOINETTE: Aber wozu soll denn das sein, wohin soll denn
das führen?

HECHINGEN: Wende ich mich freilich zu meinem eigenen
Innern, Toinette —

ANTOINETTE: Bitte, was ist, wenn du dich da wendest?
Sie greift sich an die Schläfe.

HECHINGEN: — so bedarf es allerdings keiner langen Prüfung. Immer und immer werde ich der Welt gegenüber
versuchen, mich auf deinen Standpunkt zu stellen, werde
immer wieder der Verteidiger deines Charmes und deiner
Freiheit sein. Und wenn man mir bewußt Entstellungen

entgegenwirft, so werde ich triumphierend auf das vor wenigen Minuten hier Erlebte verweisen, auf den sprechenden Beweis, wie sehr es dir gegeben ist, die Männer, die dich begehren und bedrängen, in ihren Schranken zu halten.

ANTOINETTE *nervös*: Was denn?

HECHINGEN: Du wirst viel begehrt. Dein Typus ist die grande dame des achtzehnten Jahrhunderts. Ich vermag in keiner Weise etwas Beklagenswertes daran zu erblicken. Nicht die Tatsache muß gewertet werden, sondern die Nuance. Ich lege Gewicht darauf, klarzustellen, daß, wie immer du handelst, deine Absichten für mich über jeden Zweifel erhaben sind.

ANTOINETTE *dem Weinen nah*: Mein lieber Ado, du meinst es sehr gut, aber meine Migräne wird stärker mit jedem Wort, was du sagst.

HECHINGEN: Oh, das tut mir sehr leid. Um so mehr, als diese Augenblicke für mich unendlich kostbar sind.

ANTOINETTE: Bitte, hab die Güte —
Sie taumelt.

HECHINGEN: Ich versteh. Ein Auto?

ANTOINETTE: Ja. Die Edine hat mir erlaubt, ihres zu nehmen.

HECHINGEN: Sofort.
Geht und gibt den Befehl. Kommt zurück mit ihrem Mantel. Indem er ihr hilft
Ist das alles, was ich für dich tun kann?

ANTOINETTE: Ja, alles.

KAMMERDIENER *an der Glastür, meldet*: Das Auto für die Frau Gräfin.
Antoinette geht sehr schnell ab. Hechingen will ihr nach, hält sich.

SECHSTE SZENE

STANI *von rückwärts aus dem Wintergarten. Er scheint jemand zu suchen*: Ah, du bists, hast du meine Mutter nicht gesehen?

HECHINGEN: Nein, ich war nicht in den Salons. Ich hab soeben meine Frau an ihr Auto begleitet. Es war eine Situation ohne Beispiel.

STANI *mit seiner eigenen Sache beschäftigt*: Ich begreif nicht.
Die Mamu bestellt mich zuerst in den Wintergarten, dann
läßt sie mir sagen, hier an der Stiege auf sie zu warten —
HECHINGEN: Ich muß mich jetzt unbedingt mit dem Kari aus-
sprechen.
STANI: Da mußt du halt fortgehen und ihn suchen.
HECHINGEN: Mein Instinkt sagt mir, er ist nur fortgegangen,
um mich im Club aufzusuchen, und wird wiederkommen.
Geht nach oben
STANI: Ja, wenn man so einen Instinkt hat, der einem alles
sagt! Ah, da ist ja die Mamu!

SIEBENTE SZENE

CRESCENCE *kommt unten von links seitwärts der Treppe heraus*: Ich komm über die Dienerstiegen, diese Diener machen
nichts als Mißverständnisse. Zuerst sagt er mir, du bittest
mich, in den Wintergarten zu kommen, dann sagt er in die
Galerie —
STANI: Mamu, das ist ein Abend, wo man aus den Konfusionen
überhaupt nicht herauskommt. Ich bin wirklich auf dem
Punkt gestanden, wenn es nicht wegen Ihr gewesen wäre,
stante pede nach Haus zu fahren, eine Dusche zu nehmen
und mich ins Bett zu legen. Ich vertrag viel, aber eine
schiefe Situation, das ist mir etwas so Odioses, das zerrt
direkt an meinen Nerven. Ich muß vielmals bitten, mich
doch jetzt au courant zu setzen.
CRESCENCE: Ja, ich begreif doch gar nicht, daß der Onkel Kari
hat weggehen können, ohne mir auch nur einen Wink zu
geben. Das ist eine von seinen Zerstreutheiten, ich bin ja
desperat, mein guter Bub.
STANI: Bitte mir doch die Situation etwas zu erklären. Bitte
mir nur in großen Linien zu sagen, was vorgefallen ist.
CRESCENCE: Aber alles ist ja genau nach dem Programm gegangen. Zuerst hat der Onkel Kari mit der Antoinette ein
sehr agitiertes Gespräch geführt —
STANI: Das war schon der erste Fehler. Das hab ich ja gewußt, das war eben zu kompliziert. Ich bitte mir also weiter zu sagen!

CRESCENCE: Was soll ich Ihm denn weiter sagen? Die Antoinette stürzt an mir vorbei, ganz bouleversiert, unmittelbar darauf setzt sich der Onkel Kari mit der Helen —

STANI: Es ist eben zu kompliziert, zwei solche Konversationen an einem Abend durchzuführen. Und der Onkel Kari —

CRESCENCE: Das Gespräch mit der Helen geht ins Endlose, ich komm an die Tür — die Helen fällt mir in die Arme, ich bin selig, sie läuft weg, ganz verschämt, wie sichs gehört, ich stürz ans Telephon und zitier dich her!

STANI: Ja, ich bitte, das weiß ich ja, aber ich bitte, mir aufzuklären, was denn hier vorgegangen ist!

CRESCENCE: Ich stürz im Flug durch die Zimmer, such den Kari, find ihn nicht. Ich muß zurück zu der Partie, du kannst dir denken, wie ich gespielt hab. Die Mariette Stradonitz invitiert auf Herz, ich spiel Karo, dazwischen bet ich die ganze Zeit zu die vierzehn Nothelfer. Gleich darauf mach ich Renonce in Pik. Endlich kann ich aufstehen, ich such den Kari wieder, ich find ihn nicht! Ich geh durch die finstern Zimmer bis an der Helen ihre Tür, ich hör sie drin weinen. Ich klopf an, sag meinen Namen, sie gibt mir keine Antwort. Ich schleich mich wieder zurück zur Partie, die Mariette fragt mich dreimal, ob mir schlecht ist, der Louis Castaldo schaut mich an, als ob ich ein Gespenst wär. —

STANI: Ich versteh alles.

CRESCENCE: Ja, was, ich versteh ja gar nichts.

STANI: Alles, alles. Die ganze Sache ist mir klar.

CRESCENCE: Ja, wie sieht Er denn das?

STANI: Klar wie's Einmaleins. Die Antoinette in ihrer Verzweiflung hat einen Tratsch gemacht, sie hat aus dem Gespräch mit dem Onkel Kari entnommen, daß ich für sie verloren bin. Eine Frau, wenn sie in Verzweiflung ist, verliert ja total ihre tenue; sie hat sich dann an die Helen heranfaufiliert und hat einen solchen Mordstratsch gemacht, daß die Helen mit ihrem fumo und ihrer pyramidalen Empfindlichkeit beschlossen hat, auf mich zu verzichten, und wenn ihr das Herz brechen sollte.

CRESCENCE: Und deswegen hat sie mir die Tür nicht aufgemacht!

STANI: Und der Onkel Kari, wie er gespürt hat, was er angerichtet hat, hat sich sofort aus dem Staub gemacht.

CRESCENCE: Ja, dann steht die Sache doch sehr fatal! Ja, mein guter Bub, was sagst du denn da?

STANI: Meine gute Mamu, da sag ich nur eins, und das ist das einzige, was ein Mann von Niveau sich in jeder schiefen Situation zu sagen hat: man bleibt, was man ist, daran kann eine gute oder eine schlechte Chance nichts ändern.

CRESCENCE: Er ist ein lieber Bub, und ich adorier Ihn für seine Haltung, aber deswegen darf man die Flinten noch nicht ins Korn werfen!

STANI: Ich bitte um alles, mir eine schiefe Situation zu ersparen.

CRESCENCE: Für einen Menschen mit Seiner tenue gibts keine schiefe Situation. Ich· such jetzt die Helen und werd sie fragen, was zwischen jetzt und dreiviertel zehn passiert ist.

STANI: Ich bitt inständig —

CRESCENCE: Aber mein Bub, Er ist mir tausendmal zu gut, als daß ich Ihn wollt einer Familie oktroyieren und wenns die vom Kaiser von China wär. Aber anderseits ist mir doch auch die Helen zu lieb, als daß ich ihr Glück einem Tratsch von einer eifersüchtigen Gans, wie die Antoinette ist, aufopfern wollte. Also tu Er mir den Gefallen und bleib Er da und begleit Er mich dann nach Haus, Er sieht doch, wie ich agitiert bin.

Sie geht die Treppe hinauf, Stani folgt ihr.

ACHTE SZENE

Helene ist durch die unsichtbare Tür links herausgetreten, im Mantel wie zum Fortgehen. Sie wartet, bis Crescence und Stani sie nicht mehr sehen können. Gleichzeitig ist Karl durch die Glastür rechts sichtbar geworden; er legt Hut, Stock und Mantel ab und erscheint. Helene hat Karl gesehen, bevor er sie erblickt hat. Ihr Gesicht verändert sich in einem Augenblick vollständig. Sie läßt ihren Abendmantel von den Schultern fallen, und dieser bleibt hinter der Treppe liegen, dann tritt sie Karl entgegen.

HANS KARL *betroffen*: Helen, Sie sind noch hier?

HELENE *hier und weiter in einer ganz festen, entschiedenen*

Haltung und in einem leichten, fast überlegenen Ton: Ich
bin hier zu Haus.

HANS KARL: Sie sehen anders aus als sonst. Es ist etwas geschehen!

HELENE: Ja, es ist etwas geschehen.

HANS KARL: Wann, so plötzlich?

HELENE: Vor einer Stunde, glaub ich.

HANS KARL *unsicher*: Etwas Unangenehmes?

HELENE: Wie?

HANS KARL: Etwas Aufregendes?

HELENE: Ah ja, das schon.

HANS KARL: Etwas Irreparables?

HELENE: Das wird sich zeigen. Schauen Sie, was dort liegt.

HANS KARL: Dort? Ein Pelz. Ein Damenmantel scheint mir.

HELENE: Ja, mein Mantel liegt da. Ich hab ausgehen wollen.

HANS KARL: Ausgehen?

HELENE: Ja, den Grund davon werd ich Ihnen auch dann
sagen. Aber zuerst werden Sie mir sagen, warum Sie
zurückgekommen sind. Das ist keine ganz gewöhnliche
Manier.

HANS KARL *zögernd*: Es macht mich immer ein bisserl verlegen, wenn man mich so direkt was fragt.

HELENE: Ja, ich frag Sie direkt.

HANS KARL: Ich kanns gar nicht leicht explizieren.

HELENE: Wir können uns setzen.

Sie setzen sich.

HANS KARL: Ich hab früher in unserer Konversation — da
oben, in dem kleinen Salon —

HELENE: Ah, da oben in dem kleinen Salon.

HANS KARL *unsicher durch ihren Ton*: Ja, freilich, in dem
kleinen Salon. Ich hab da einen großen Fehler gemacht,
einen sehr großen.

HELENE: Ah?

HANS KARL: Ich hab etwas Vergangenes zitiert.

HELENE: Etwas Vergangenes?

HANS KARL: Gewisse ungereimte, rein persönliche Sachen,
die in mir vorgegangen sind, wie ich im Feld draußen war,
und später im Spital. Rein persönliche Einbildungen, Hallu-
zinationen, sozusagen. Lauter Dinge, die absolut nicht dazu
gehört haben.

HELENE: Ja, ich versteh Sie. Und?

HANS KARL: Da hab ich unrecht getan.

HELENE: Inwiefern?

HANS KARL: Man kann das Vergangene nicht herzitieren, wie
die Polizei einen vor das Kommissariat zitiert. Das Vergangene ist vergangen. Niemand hat das Recht, es in eine Konversation, die sich auf die Gegenwart bezieht, einzuflechten.
Ich drück mich elend aus, aber meine Gedanken darüber
sind mir ganz klar.

HELENE: Das hoff ich.

HANS KARL: Es hat mich höchst unangenehm berührt in der
Erinnerung, sobald ich allein mit mir selbst war, daß ich
in meinem Alter mich so wenig in der Hand hab — und ich
bin wiedergekommen, um Ihnen Ihre volle Freiheit, pardon, das Wort ist mir ganz ungeschickt über die Lippen
gekommen — um Ihnen Ihre volle Unbefangenheit zurück-
zugeben.

HELENE: Meine Unbefangenheit — mir wiedergeben?
Hans Karl, unsicher, will aufstehen.

HELENE *bleibt sitzen*: Also das haben Sie mir sagen wollen —
über Ihr Fortgehen früher?

HANS KARL: Ja, über mein Fortgehen und natürlich auch über
mein Wiederkommen. Eines motiviert ja das andere.

HELENE: Aha. Ich dank Ihnen sehr. Und jetzt werd ich Ihnen
sagen, warum Sie wiedergekommen sind.

HANS KARL: Sie mir?

HELENE *mit einem vollen Blick auf ihn*: Sie sind wiedergekommen, weil — ja! es gibt das! gelobt sei Gott im Himmel!
Sie lacht.
Aber es ist vielleicht schade, daß Sie wiedergekommen sind.
Denn hier ist vielleicht nicht der rechte Ort, das zu sagen,
was gesagt werden muß — vielleicht hätte das -- aber jetzt
muß es halt hier gesagt werden.

HANS KARL: O mein Gott, Sie finden mich unbegreiflich. Sagen
Sie es heraus!

HELENE: Ich verstehe alles sehr gut. Ich versteh, was Sie fort-
getrieben hat, und was Sie wieder zurückgebracht hat.

HANS KARL: Sie verstehen alles? Ich versteh ja selbst nicht.

HELENE: Wir können noch leiser reden, wenns Ihnen recht

ist. Was Sie hier hinausgetrieben hat, das war Ihr Mißtrauen, Ihre Furcht vor Ihrem eigenen Selbst — sind Sie
bös?

HANS KARL: Vor meinem Selbst?

HELENE: Vor Ihrem eigentlichen tieferen Willen. Ja, der ist
unbequem, der führt einen nicht den angenehmsten Weg.
Er hat Sie eben hierher zurückgeführt.

HANS KARL: Ich versteh Sie nicht, Helen!

HELENE *ohne ihn anzusehen*: Hart sind nicht solche Ab-
schiede für Sie, aber hart ist manchmal, was dann in Ihnen
vorgeht, wenn Sie mit sich allein sind.

HANS KARL: Sie wissen das alles?

HELENE: Weil ich das alles weiß, darum hätt ich ja die Kraft
gehabt und hätte für Sie das Unmögliche getan.

HANS KARL: Was hätten Sie Unmögliches für mich getan?

HELENE: Ich wär Ihnen nachgegangen.

HANS KARL: Wie denn »nachgegangen«? Wie meinen Sie das?

HELENE: Hier bei der Tür auf die Gasse hinaus. Ich hab Ihnen
doch meinen Mantel gezeigt, der dort hinten liegt.

HANS KARL: Sie wären mir —? Ja, wohin?

HELENE: Ins Kasino oder anderswo — was weiß ich, bis ich
Sie halt gefunden hätte.

HANS KARL: Sie wären mir, Helen —? Sie hätten mich gesucht? Ohne zu denken, ob —?

HELENE: Ja, ohne an irgend etwas sonst zu denken. Ich geh
dir nach — Ich will, daß du mich —

HANS KARL *mit unsicherer Stimme*: Sie, du, du willst?
Für sich
Da sind wieder diese unmöglichen Tränen!
Zu ihr
Ich hör Sie schlecht. Sie sprechen so leise.

HELENE: Sie hören mich ganz gut. Und da sind auch Tränen
— aber die helfen mir sogar eher, um das zu sagen —

HANS KARL: Du — Sie haben etwas gesagt?

HELENE: Dein Wille, dein Selbst; versteh mich. Er hat dich
umgedreht, wie du allein warst, und dich zu mir zurück
geführt. Und jetzt —

HANS KARL: Jetzt?

HELENE: Jetzt weiß ich zwar nicht, ob du jemand wahrhaft
liebhaben kannst — aber ich bin in dich verliebt, und ich

will — aber das ist doch eine Enormität, daß Sie mich das sagen lassen!

HANS KARL *zitternd*: Sie wollen von mir —

HELENE *mit keinem festeren Ton als er*: Von deinem Leben, von deiner Seele, von allem — meinen Teil!

Eine kleine Pause

HANS KARL: Helen, alles, was Sie da sagen, perturbiert mich in der maßlosesten Weise um Ihretwillen, Helen, natürlich um Ihretwillen! Sie irren sich in bezug auf mich, ich hab einen unmöglichen Charakter.

HELENE: Sie sind, wie Sie sind, und ich will kennen, wie Sie sind.

HANS KARL: Es ist so eine namenlose Gefahr für Sie.

Helene schüttelt den Kopf.

HANS KARL: Ich bin ein Mensch, der nichts als Mißverständnisse auf dem Gewissen hat.

HELENE *lächelnd*: Ja, das scheint.

HANS KARL: Ich hab so vielen Frauen weh getan.

HELENE: Die Liebe ist nicht süßlich.

HANS KARL: Ich bin ein maßloser Egoist.

HELENE: Ja? Ich glaub nicht.

HANS KARL: Ich bin so unstet, nichts kann mich fesseln.

HELENE: Ja, Sie können — wie sagt man das? — verführt werden und verführen. Alle haben Sie sie wahrhaft geliebt und alle wieder im Stich gelassen. Die armen Frauen! Sie haben halt nicht die Kraft gehabt für euch beide.

HANS KARL: Wie?

HELENE: Begehren ist Ihre Natur. Aber nicht: das — oder das — sondern von einem Wesen: — alles — für immer! Es hätte eine die Kraft haben müssen, Sie zu zwingen, daß Sie von ihr immer mehr und mehr begehrt hätten. Bei der wären Sie dann geblieben.

HANS KARL: Wie du mich kennst!

HELENE: Nach einer ganz kurzen Zeit waren sie dir alle gleichgültig, und du hast ein rasendes Mitleid gehabt, aber keine große Freundschaft für keine: das war mein Trost.

HANS KARL: Wie du alles weißt!

HELENE: Nur darin hab ich existiert. Das allein hab ich verstanden.

HANS KARL: Da muß ich mich ja vor dir schämen.

HELENE: Schäm ich mich denn vor dir? Ah nein. Die Liebe
schneidet ins lebendige Fleisch.

HANS KARL: Alles hast du gewußt und ertragen —

HELENE: Ich hätt nicht den kleinen Finger gerührt, um eine
solche Frau von dir wegzubringen. Es wär mir nicht dafür
gestanden.

HANS KARL: Was ist das für ein Zauber, der in dir ist. Gar
nicht wie die andern Frauen. Du machst einen so ruhig in
einem selber.

HELENE: Du kannst freilich die Freundschaft nicht fassen,
die ich für dich hab. Dazu wird eine lange Zeit nötig sein
— wenn du mir die geben kannst.

HANS KARL: Wie du das sagst!

HELENE: Jetzt geh, damit dich niemand sieht. Und komm
bald wieder. Komm morgen, am frühen Nachmittag. Die
Leut gehts nichts an, aber der Papa solls schnell wissen. —
Der Papa solls wissen, — der schon! Oder nicht, wie?

HANS KARL *verlegen*: Es ist das — mein guter Freund Poldo
Altenwyl hat seit Tagen eine Angelegenheit, einen Wunsch
— den er mir oktroyieren will: er wünscht, daß ich, sehr
überflüssigerweise, im Herrenhaus das Wort ergreife —

HELENE: Aha —

HANS KARL: Und da geh ich ihm seit Wochen mit der größten Vorsicht aus dem Weg — vermeide, mit ihm allein zu
sein — im Kasino, auf der Gasse, wo immer —

HELENE: Sei ruhig — es wird nur von der Hauptsache die
Rede sein — dafür garantier ich. — Es kommt schon jemand:
ich muß fort.

HANS KARL: Helen!

HELENE *schon im Gehen, bleibt nochmals stehen*: Du! Leb
wohl!
*Nimmt den Mantel auf und verschwindet durch die kleine
Tür links.*

NEUNTE SZENE

CRESCENCE *oben auf der Treppe*: Kari!
*Kommt schnell die Stiege herunter. Hans Karl steht mit
dem Rücken gegen die Stiege.*
CRESCENCE: Kari! Find ich Ihn endlich! Das ist ja eine Konfusion ohne Ende!
Sie sieht sein Gesicht.
Kari! es ist was passiert! Sag mir, was?
HANS KARL: Es ist mir was passiert, aber wir wollen es gar
nicht zergliedern.
CRESCENCE: Bitte! aber du wirst mir doch erklären —

ZEHNTE SZENE

HECHINGEN *kommt von oben herab, bleibt stehen, ruft Hans
Karl halblaut zu*: Kari, wenn ich dich auf eine Sekunde
bitten dürfe!
HANS KARL: Ich steh zur Verfügung.
Zu Crescence
Entschuldig Sie mich wirklich.
Stani kommt gleichfalls von oben.
CRESCENCE *zu Hans Karl*: Aber der Bub! Was soll ich denn
dem Buben sagen? Der Bub ist doch in einer schiefen Situation!
STANI *kommt herunter, zu Hechingen*: Pardon, jetzt einen
Moment muß unbedingt ich den Onkel Kari sprechen!
Grüßt Hans Karl
HANS KARL: Verzeih mir einen Moment, lieber Ado!
Läßt Hechingen stehen, tritt zu Crescence
Komm Sie daher, aber allein: ich will Ihr was sagen. Aber
wir wollen es in keiner Weise bereden.
CRESCENCE: Aber ich bin doch keine indiskrete Person!
HANS KARL: Du bist eine engelsgute Frau. Also hör zu! Die
Helen hat sich verlobt.
CRESCENCE: Sie hat sich verlobt mit'm Stani? Sie will ihn?
HANS KARL: Wart noch! So hab doch nicht gleich die Tränen
in den Augen, du weißt ja noch nicht.
CRESCENCE: Es ist Er, Kari, über den ich so gerührt bin. Der
Bub verdankt Ihm ja alles!

HANS KARL: Wart Sie, Crescence! — Nicht mit dem Stani!

CRESCENCE: Nicht mit dem Stani? Ja, mit wem denn?

HANS KARL *mit großer gêne*: Gratulier Sie mir!

CRESCENCE: Dir?

HANS KARL: Aber tret Sie dann gleich weg und misch Sie sich nicht in die Konversation. Sie hat sich — ich hab mich — wir haben uns miteinander verlobt.

CRESCENCE: Du hast dich! Ja, da bin ich selig!

HANS KARL: Ich bitte Sie, jetzt vor allem zu bedenken, daß Sie mir versprochen hat, mir diese odiosen Konfusionen zu ersparen, denen sich ein Mensch aussetzt, der sich unter die Leut mischt.

CRESCENCE: Ich werd gewiß nichts tun —
Blick nach Stani

HANS KARL: Ich hab Ihr gesagt, daß ich nichts erklären werd, niemandem, und daß ich bitten muß, mir die gewissen Mißverständnisse zu ersparen!

CRESCENCE: Werd Er mir nur nicht stutzig! Das Gesicht hat Er als kleiner Bub gehabt, wenn man Ihn konterkariert hat. Das hab ich schon damals nicht sehen können! Ich will ja alles tun, wie Er will.

HANS KARL: Sie ist die beste Frau der Welt, und jetzt entschuldig Sie mich, der Ado hat das Bedürfnis, mit mir eine Konversation zu haben — die muß also jetzt in Gottes Namen absolviert werden.
Küßt ihr die Hand

CRESCENCE: Ich wart noch auf Ihn!
Crescence, mit Stani, treten zur Seite, entfernt, aber dann und wann sichtbar.

ELFTE SZENE

HECHINGEN: Du siehst mich so streng an! Es ist ein Vorwurf in deinem Blick!

HANS KARL: Aber gar nicht: ich bitt um alles, wenigstens heute meine Blicke nicht auf die Goldwaage zu legen.

HECHINGEN: Es ist etwas vorgefallen, was deine Meinung von mir geändert hat? oder deine Meinung von meiner Situation?

HANS KARL *in Gedanken verloren*: Von deiner Situation?

HECHINGEN: Von meiner Situation gegenüber Antoinette
natürlich! Darf ich dich fragen, wie du über meine Frau
denkst?

HANS KARL *nervös*: Ich bitt um Vergebung, aber ich möchte
heute nichts über Frauen sprechen. Man kann nicht analy-
sieren, ohne in die odiosesten Mißverständnisse zu verfallen. Also ich bitt mirs zu erlassen!

HECHINGEN: Ich verstehe. Ich begreife vollkommen. Aus
allem, was du da sagst oder vielmehr in der zartesten Weise
andeutest, bleibt für mich doch nur der einzige Schluß zu
ziehen: daß du meine Situation für aussichtslos ansiehst.

ZWÖLFTE SZENE

*Hans Karl sagt nichts, sieht verstört nach rechts. Vinzenz ist
von rechts eingetreten, im gleichen Anzug wie im ersten Akt,
einen kleinen runden Hut in der Hand. Crescence ist auf Vinzenz zugetreten.*

HECHINGEN *sehr betroffen durch Hans Karls Schweigen*: Das
ist der kritische Moment meines Lebens, den ich habe kommen sehen. Jetzt brauche ich deinen Beistand, mein guter
Kari, wenn mir nicht die ganze Welt ins Wanken kommen
soll.

HANS KARL: Aber mein guter Ado —
Für sich, auf Vinzenz hinübersehend
Was ist denn das?

HECHINGEN: Ich will, wenn du es erlaubst, die Voraussetzun-
gen rekapitulieren, die mich haben hoffen lassen —

HANS KARL: Entschuldige mich für eine Sekunde, ich sehe,
da ist irgendwelche Konfusion passiert.
*Er geht hinüber zu Crescence und Vinzenz. Hechingen
bleibt allein stehen. Stani ist seitwärts zurückgetreten,
mit einigen Zeichen von Ungeduld.*

CRESCENCE *zu Hans Karl*: Jetzt sagt er mir: du reist ab, morgen in aller Früh — ja was bedeutet denn das?

HANS KARL: Was sagt er? Ich habe nicht befohlen —

CRESCENCE: Kari, mit dir kommt man nicht heraus aus dem
Wiegel-Wagel. Jetzt hab ich mich doch in diese Verlobungs-
stimmung hineingedacht!

HANS KARL: Darf ich bitten —

CRESCENCE: Mein Gott, es ist mir ja nur so herausgerutscht!

HANS KARL *zu Vinzenz*: Wer hat Sie hergeschickt? Was soll es?

VINZENZ: Euer Erlaucht haben doch selbst Befehl gegeben, vor einer halben Stunde im Telephon.

HANS KARL: Ihnen? Ihnen hab ich gar nichts befohlen.

VINZENZ: Der Portierin haben Erlaucht befohlen, wegen Abreise morgen früh sieben Uhr aufs Jagdhaus nach Gebhardtskirchen — oder richtig gesagt, heut früh, denn jetzt haben wir viertel eins.

CRESCENCE: Aber Kari, was heißt denn das alles?

HANS KARL: Wenn man mir erlassen möchte, über jeden Atemzug, den ich tu, Auskunft zu geben.

VINZENZ *zu Crescence*: Das ist doch sehr einfach zu verstehen. Die Portierin ist nach oben gelaufen mit der Meldung, der Lukas war im Moment nicht auffindbar, also hab ich die Sache in die Hand genommen. Chauffeur habe ich avisiert, Koffer hab ich vom Boden holen lassen, Sekretär Neugebauer hab ich auf alle Fälle aufwecken lassen, falls er gebraucht wird — was braucht er zu schlafen, wenn das ganze Haus auf ist? — und jetzt bin ich hier erschienen und stelle mich zur Verfügung, weitere Befehle entgegenzunehmen.

HANS KARL: Gehen Sie sofort nach Haus, bestellen Sie das Auto ab, lassen Sie die Koffer wieder auspacken, bitten Sie den Herrn Neugebauer sich wieder schlafenzulegen, und machen Sie, daß ich Ihr Gesicht nicht wieder sehe! Sie sind nicht mehr in meinen Diensten, der Lukas ist vom übrigen unterrichtet. Treten Sie ab!

VINZENZ: Das ist mir eine sehr große Überraschung.

Geht ab

DREIZEHNTE SZENE

CRESCENCE: Aber so sag mir doch nur ein Wort! So erklär mir nur —

HANS KARL: Da ist nichts zu erklären. Wie ich aus dem Kasino gegangen bin, war ich aus bestimmten Gründen vollkommen entschlossen, morgen früh abzureisen. Das war an der

Ecke von der Freyung und der Herrengasse. Dort ist ein
Café, in das bin ich hineingegangen und hab von dort aus
nach Haus telephoniert; dann, wie ich aus dem Kaffeehaus
herausgetreten bin, da bin ich, anstatt wie meine Absicht
war, über die Freyung abzubiegen — bin ich die Herrengasse heruntergegangen und wieder hier hereingetreten —
und da hat sich die Helen —

Er streicht sich über die Stirn.

CRESCENCE: Aber ich laß Ihn ja schon.

*Sie geht zu Stani hinüber, der sich etwas im Hintergrund
gesetzt hat.*

HANS KARL *gibt sich einen Ruck und geht auf Hechingen zu,
sehr herzlich*: Ich bitt mir alles Vergangene zu verzeihen,
ich hab in allem und jedem unrecht und irrig gehandelt
und bitt, mir meine Irrtümer alle zu verzeihen. Über den
heutigen Abend kann ich im Detail keine Auskunft geben.
Ich bitt, mir trotzdem ein gutes Andenken zu bewahren.
Reicht ihm die Hand

HECHINGEN *bestürzt*: Du sagst mir ja adieu, mein Guter! Du
hast Tränen in den Augen. Aber ich versteh dich ja, Kari.
Du bist der wahre, gute Freund, unsereins ist halt nicht
imstand, sich herauszuwursteln aus dem Schicksal, das die
Gunst oder Nichtgunst der Frauen uns bereitet, du aber
hast dich über diese ganze Atmosphäre ein für allemal
hinausgehoben —

Hans Karl winkt ihn ab.

HECHINGEN: Das kannst du nicht negieren, das ist dieses gewisse Etwas von Superiorität, das dich umgibt, und wie
im Leben schließlich alles nur Vor- und Rückschritte macht,
nichts stehenbleibt, so ist halt um dich von Tag zu Tag
immer mehr die Einsamkeit des superioren Menschen.

HANS KARL: Das ist ja schon wieder ein kolossales Mißverständnis!

*Er sieht ängstlich nach rechts, wo in der Tür zum Winter-
garten Altenwyl mit einem seiner Gäste sichtbar geworden
ist.*

HECHINGEN: Wie denn? Wie soll ich mir diese Worte erklären?

HANS KARL: Mein guter Ado, bitt mir im Moment diese Erklärung und jede Erklärung zu erlassen. Ich bitt dich,

105

gehen wir da hinüber, es kommt da etwas auf mich z¦
dem ich mich heute nicht mehr gewachsen fühle.

HECHINGEN: Was denn, was denn?

HANS KARL: Dort in der Tür, dort hinter mir!

HECHINGEN *sieht hin*: Es ist doch nur unser Hausherr, d¦
Poldo Altenwyl —

HANS KARL: — der diesen letzten Moment seiner Soiree fü¦
den gegebenen Augenblick hält, um sich an mich in ein¦
gräßlichen Absicht heranzupirschen; denn für was ge¦
man denn auf eine Soiree, als daß einem jeder Mensch m¦
dem, was ihm gerade wichtig erscheint, in der erbarmung¦
losesten Weise über den Hals kommt!

HECHINGEN: Ich begreif nicht—

HANS KARL: Daß ich in der übermorgigen Herrenhaussitzun¦
mein Debüt als Redner feiern soll. Diese charmante Mi¦
sion hat er von unserm Club übernommen, und weil i¦
ihnen im Kasino und überall aus dem Weg geh, so laue¦
er hier in seinem Haus auf die Sekunde, wo ich unbeschüt¦
dasteh! Ich bitt dich, sprich recht lebhaft mit mir, so e¦
bissel agitiert, wie wenn wir etwas Wichtiges zu erledige¦
hätten.

HECHINGEN: Und du willst wieder refüsieren?

HANS KARL: Ich soll aufstehen und eine Rede halten, üb¦
Völkerversöhnung und über das Zusammenleben d¦
Nationen — ich, ein Mensch, der durchdrungen ist vo¦
einer Sache auf der Welt: daß es unmöglich ist, de¦
Mund aufzumachen, ohne die heillosesten Konfusione¦
anzurichten! Aber lieber leg ich doch die erbliche Mi¦
gliedschaft nieder und verkriech mich zeitlebens in ei¦
Uhuhütte. Ich sollte einen Schwall von Worten in de¦
Mund nehmen, von denen mir jedes einzelne geradez¦
indezent erscheint!

HECHINGEN: Das ist ein bisserl ein starker Ausdruck.

HANS KARL *sehr heftig, ohne sehr laut zu sein*: Aber alle¦
was man ausspricht, ist indezent. Das simple Faktum, da¦
man etwas ausspricht, ist indezent. Und wenn man es gena¦
nimmt, mein guter Ado, aber die Menschen nehmen eb¦
nichts auf der Welt genau, liegt doch geradezu etwas Ur¦
verschämtes darin, daß man sich heranwagt, gewisse Ding¦
überhaupt zu erleben! Um gewisse Dinge zu erleben un¦

sich dabei nicht indezent zu finden, dazu gehört ja eine so rasende Verliebtheit in sich selbst und ein Grad von Verblendung, den man vielleicht als erwachsener Mensch im innersten Winkel in sich tragen, aber niemals sich eingestehen kann!

Sieht nach rechts

Er ist weg.

Will fort. Altenwyl ist nicht mehr sichtbar.

CRESCENCE *tritt auf Kari zu*: So echappier Er doch nicht! Jetzt muß Er sich doch mit dem Stani über das Ganze aussprechen.

Hans Karl sieht sie an.

CRESCENCE: Aber Er wird doch den Buben nicht so stehen lassen! Der Bub beweist ja in der ganzen Sache eine Abnegation, eine Selbstüberwindung, über die ich geradezu starr bin. Er wird ihm doch ein Wort sagen.

Sie winkt Stani, näherzutreten. Stani tritt einen Schritt näher.

HANS KARL: Gut, auch das noch. Aber es ist die letzte Soiree, auf der Sie mich erscheinen sieht.

Zu Stani, indem er auf ihn zutritt

Es war verfehlt, mein lieber Stani, meiner Suada etwas anzuvertrauen.

Reicht ihm die Hand

CRESCENCE: So umarm Er doch den Buben! Der Bub hat ja doch in dieser Geschichte eine tenue bewiesen, die ohnegleichen ist.

Hans Karl sieht vor sich hin, etwas abwesend.

CRESCENCE: Ja, wenn Er ihn nicht umarmt, so muß doch ich den Buben umarmen für seine tenue.

HANS KARL: Bitte das vielleicht zu tun, wenn ich fort bin.

Gewinnt schnell die Ausgangstür und ist verschwunden

VIERZEHNTE SZENE

CRESCENCE: Also, das ist mir ganz egal, ich muß jemanden umarmen! Es ist doch heute zuviel vorgegangen, als daß eine Person mit Herz, wie ich, so mir nix dir nix nach Haus fahren und ins Bett gehen könnt!

STANI *tritt einen Schritt zurück*: Bitte, Mamu! nach mei
ner Idee gibt es zwei Kategorien von Demonstrationen
Die eine gehört ins strikteste Privatleben: dazu rechne
ich alle Akte von Zärtlichkeit zwischen Blutsverwandten
Die andere hat sozusagen eine praktische und soziale Be
deutung: sie ist der pantomimische Ausdruck für eine
außergewöhnliche, gewissermaßen familiengeschichtliche
Situation.

CRESCENCE: Ja, in der sind wir doch!

*Altenwyl mit einigen Gästen ist oben herausgetreten und
ist im Begriffe, die Stiege herunterzukommen.*

STANI: Und für diese gibt es seit tausend Jahren gewisse richtige und akzeptierte Formen. Was wir heute hier erlebt
haben, war tant bien que mal, wenn mans Kind beim
Namen nennt, eine Verlobung. Eine Verlobung kulminiert
in der Umarmung des verlobten Paares. — In unserm Fall
ist das verlobte Paar zu bizarr, um sich an diese Formen
zu halten. Mamu, Sie ist die nächste Verwandte vom Onkel
Kari, dort steht der Poldo Altenwyl, der Vater der Braut
Geh Sie sans mot dire auf ihn zu und umarm Sie ihn, und
das Ganze wird sein richtiges, offizielles Gesicht bekommen

*Altenwyl ist mit einigen Gästen die Stiege heruntergekom-
men. Crescence eilt auf Altenwyl zu und umarmt ihn. Die
Gäste stehen überrascht.*

Vorhang

DER UNBESTECHLICHE

Lustspiel in fünf Akten

PERSONEN

DIE BARONIN

JAROMIR, ihr Sohn

ANNA, dessen Frau

MELANIE GALATTIS

MARIE AM RAIN

DER GENERAL

THEODOR, Diener

HERMINE, eine junge Witwe

DER KLEINE JAROMIR, vier Jahre alt

Die Beschließerin

Die Jungfer

Der Kutscher

Das Küchenmädchen

Der Gärtner

Spielt auf dem Gut der Baronin in Niederösterreich im Jahr 1912.

ERSTER AKT

Eine Parkterrasse, die rückwärts durch einen Gartensaal ab-
geschlossen ist, zu dem man auf einer Freitreppe von fünf
oder sechs Stufen emporsteigt.

ERSTE SZENE

JUNGFER: Das ist wieder eine Anordnung vom Theodor. *Ab*
BESCHLIESSERIN *eilig auftretend*: Ist die Frau Baronin nicht
da? Es wäre notwendig, ihren Rat einzuholen. *Rasch ab*
GÄRTNER *eilig auftretend*: Theodor, die Dispositionen müs-
sen geändert werden. Wir haben zu wenig Zimmer. *Rasch*
ab
Alles ist im größten Tempo zu spielen.
BESCHLIESSERIN *tritt eilig wieder auf*: Ist die Frau Baronin
nicht da?
JUNGFER *tritt eilig wieder auf*: Ist die Frau Baronin nicht da?
Sie treten alle drei zugleich von verschiedenen Seiten auf.
GÄRTNER *tritt eilig wieder auf*: Ist die Frau Baronin nicht da?
JUNGFER *mustert den Gärtner*: In d e r Livree wollen Sie
mitservieren? Wer hat das angeordnet?
BESCHLIESSERIN: Wenn man auf mich gehört hätte, — — wenn
man die Einteilung so gemacht hätte, wie ich vorgeschla-
gen, und hätte dem Fräulein Am Rain das kleine Jäger-
zimmer neben der Frau von Galattis gegeben — —

ZWEITE SZENE

Baronin ist von links eingetreten, ein Telegramm in der
Hand. Jungfer macht der Beschließerin ein Zeichen, sie solle
schweigen.

BARONIN: Machen Sie kein Geschwätz, Wallisch, Anordnun-
gen treffe ich, und zu ihrer Durchführung ist der Theodor
eingesetzt, und damit basta!
Zur Jungfer

Den Kutscher will ich sehen, — wie er ist, in der Stalljacke, in Hemdsärmeln, wie er ist!

Jungfer geht durch die Glastür.

BARONIN *liest indessen das Telegramm*: Eintreffe Zollerndorf, drei Uhr elf, herzlich Melanie. Das Telegramm ist in der Früh dagelegen——heißt das jetzt heute oder morgen? Eine zu dumme Form! Kann sie nicht hinschreiben »Mittwoch«!? Was hat sie nur »Melanie« zu unterschreiben? So intim sind wir nicht! — — Und drei Uhr elf kommt kein Schnellzug an, soviel ich weiß — Kann dieses Spatzengehirn von einer Modepuppe nicht ordentlich im Fahrplan nachschauen?

Den Gärtner bemerkend

Wer hat denn Sie in dieses Faschingskostüm gesteckt?

BESCHLIESSERIN: Das sind, Euer Gnaden Frau Baronin, diese Bosheiten, diese Willkürlichkeiten, die sich der Theodor gegen jeden einzelnen von uns herausnimmt!

BARONIN: Wallisch, ich habe Sie nicht um Ihre Ansicht gefragt!

Zum Gärtner

Und Sie — hinaus! — Als Jäger anziehen, grauen Rock graue Hose und grüne Lampas — Um vier Uhr dreißig gestellt zum Tee! Abtreten!

Gärtner macht rechtsum kehrt und geht.

BARONIN: Sind die Fremdenzimmer endlich vorbereitet?

BESCHLIESSERIN: Ich bitte gehorsamst, daß ich davon nichts gewußt habe, wenn jetzt plötzlich die Frau von Galattis allein kommt ohne den Herrn Gemahl — wenn der Theodor nicht der Mühe wert befindet, mich zu verständigen, wenn angeordnet und wieder umgestoßen wird — —

BARONIN: Kein Wort mehr über den Theodor! Genug!

DRITTE SZENE

Jungfer mit dem Kutscher kommt über die Terrasse. Der Kutscher ist in Stalljacke und einer Schürze. Beschließerin wartet noch einen Augenblick, geht dann ab.

BARONIN *zum Kutscher*: Es sind auf beiden Bahnhöfen Gäste abzuholen. — Da —

Gibt ihm das Telegramm
Erkundigen Sie sich auf der Station, wann der Zug ankommt, von dem hier so beiläufig die Rede ist.

KUTSCHER *nimmt das Telegramm und behälts in der Hand*:
Melde gehorsamst, das geht nicht.

BARONIN: Was geht schon wieder nicht?

KUTSCHER: Zweierlei Abholungen am heutigen Nachmittag.
Die Schimmel müssen geschont werden.

BARONIN: Nehmen Sie die Mascotte in die Gabel vörm Dogcart, Himmel Herrgott!

KUTSCHER: Melde gehorsamst, das geht nicht! Auf der Mascotte ist der Stallbursch in die Stadt geritten, den Schlosser
holen.

BARONIN: Jetzt?!

KUTSCHER: Befehl vom jungen Herrn Baron! Es ist eine
Dachreparatur, sehr dringend, bevor die Gäste da sind.

BARONIN: Richten Sie sich ein, wie Sie können. Ihr »Das
geht nicht« will ich nicht mehr hören! Warum geht denn
alles, wenn der Theodor dahinter ist? Genug! Gehen Sie,
bevor ich mich ärgere!
*General öffnet ein bißchen die Tür links, steckt den Kopf
durch den Spalt und verschwindet wieder.*

KUTSCHER: Melde gehorsamst, der Theodor versteht nichts
vom Stalldienst. *Ab*

VIERTE SZENE

GENERAL *kommt sofort, wie er die Baronin allein sieht, herein*: Amelie! Sie ärgern sich —

BARONIN: Ich ärgere mich nicht, meine Dienstleute ärgern
mich! Der Theodor hat mir am Ersten gekündigt! Heute ist
der vierzehnte Tag, und er hat seine Kündigung bis zu
dieser Stunde nicht zurückgenommen und sich obendrein
krank gemeldet.

GENERAL: Der Theodor! Das ist ja —
Er bleibt stehen.

BARONIN: Das ist von allen Dingen auf der Welt, die hätten
passieren können, ungefähr das einzige, mich vollkommen
aus der Fassung zu bringen. Wenn es das ist, was Sie sagen

wollen, Ado — dann haben Sie das Richtige zu sagen vorge-
habt.

GENERAL: Ja, wie ist denn das möglich! Das kann sich ein
Dienstbote nicht unterstehen.

BARONIN: Sie wissen sehr genau, Ado, daß der Theodor kein
Dienstbote ist, sondern eben — der Theodor. Und außerdem hab ich ihm bei einem gewissen Anlaß vor zwei Jahren schriftlich gegeben —

GENERAL: Sie sind zu gut, Amelie!

BARONIN: — daß er jederzeit berechtigt sein soll, den Wunsch
erkennen zu geben, sich auf seinen Ruhesitz zurückzu-
ziehen, das kleine Anwesen mit der Mühle, das er von
seiner Großmutter geerbt hat in seiner Heimat irgendwo in den Waldkarpathen, wo sich die Wölfe gute Nacht
sagen.

GENERAL: Ja, und dieser Kerl hat nicht so viel Herz, so viel
Anhänglichkeit an Sie —

BARONIN *geht auf und nieder*: Ich bin ihm genau so gleichgültig, wie allen Menschen eine Frau meines Alters ist.

GENERAL: Amelie, das sagen Sie mir!

BARONIN: Alte Frauen sind fremden Menschen langweilig,
ihren Angehörigen lästig und ihren Enkeln ein Schrecken.
Ich weiß das.

GENERAL *leise*: Ich existiere nur in Ihnen.

BARONIN: Sie sind sentimental, Ado, und sentimentale Menschen sind kritiklos und wissen selbst nicht, was in ihnen
vorgeht.

Boshaft wie ein verwöhntes Kind

Wenn man mir aber zumutet, von heut auf morgen den
einzigen Domestiken zu entbehren, dessen Umsicht und
Verläßlichkeit mir noch ermöglicht, in dieser odiosen Welt
eine einigermaßen erträgliche Existenz zu führen, wenn
man mir die Krücke aus der Hand windet,

Sie stößt mit dem Stock auf den Boden.

an der ich noch mit einem Rest von Dezenz durch das Leben humple —

GENERAL *mit einer fliegenden Röte, die sein Gesicht plötzlich
sehr jung macht*: Ich werde selbst den Theodor in seinem
Zimmer aufsuchen. Er war vor siebenundzwanzig Jahren
Ulan in meiner Schwadron — er hat noch militärischen

Geist in sich. Er hält ja heute noch Rapporte mit der Dienerschaft.

BARONIN: Nur um Gottes willen keinen martialischen Ton,
Ado. Sie kennen seine krankhafte Empfindlichkeit! — Aber
vielleicht, daß wieder irgendwelche außerordentliche Kon-
zessionen —

GENERAL: Zu denen Sie also bereit wären?

BARONIN: Zu jeder!

GENERAL: Ich gehe — Amelie.

Er bleibt aber stehen.

JAROMIR *kommt über die Terrasse, tritt durch die Glastür
ein*: Wohin denn, Ado?

GENERAL *im Abgehen*: Ich habe eine Mission.

FÜNFTE SZENE

JAROMIR: Ah, ich höre, der Theodor hat sich zur Abwechs-
lung in den Schmollwinkel zurückgezogen! Ich hab dirs
gesagt, Mama, wie er vor vier Jahren, kurz nach meiner
Heirat, sein Bon plaisir zu erkennen gegeben hat, aus meinen Diensten wieder in deihe zurückzutreten. Ich kann
ihn nach siebzehnjährigem Beisammensein nicht mehr aushalten — wenn du es versuchen willst, à la bonne heure!
Er ist ja eine Perle und in seiner Klasse ein ungewöhn-
licher Mensch, aber er liebt Szenen — und da mir Szenen
beiläufig das Verhaßteste auf der Welt sind — und da ich
hauptsächlich darum eine äußerst vernünftige und fried-
fertige kleine Frau geheiratet habe, um in meinen reiferen
Jahren mich friedlich umgeben zu wissen —

BARONIN: Der Theodor ist ein ganz ausgezeichneter Mensch!!

JAROMIR: Aber ohne Frage, ein Erzengel. Aber ich vertrage
eben nicht, einen Erzengel zum Diener zu haben, in dem
alle paar Monate lang der Machtkitzel erwacht, mir zu
zeigen, daß er der Stärkere von uns beiden ist.

BARONIN *geht geärgert auf und ab, raucht*: Du scheinst die
Möglichkeiten dessen, was ein beschränktes Hauspersonal
leisten kann, etwas zu überschätzen, mein Lieber, sonst
hättest du nicht heute, an dem Tag, wo deine verschiedenen Freundinnen von sämtlichen Bahnhöfen abzuholen

sind, den zweiten Kutscher zu Pferd in die Stadt geschickt, um den Schlosser für eine schließlich gleichgültige Dachreparatur herzubestellen —

JAROMIR: Pardon, Mama, gerade diese Dachreparatur ist unaufschieblich. Es ist unmöglich, in der Nacht ein Auge zuzumachen, wenn eine losgerissene Dachrinne an ein wakkelndes Eisengitter schlägt, — das muß ich als Bewohner der Mansarde wissen.

BARONIN *stehend*: Du hast dir oben ein Schreibzimmer eingerichtet, höre ich. Aber du schläfst noch nicht oben?

JAROMIR: Allerdings — seit einer Woche.

BARONIN: Ah?

JAROMIR: Seit die Baby in der Nacht mit den Zähnen so unruhig ist, hat Anna darauf bestanden, daß ich mich umquartiere.

BARONIN *geht auf und nieder*: Auch deine diversen Freundinnen sind jedenfalls sehr große Verhältnisse gewohnt.

JAROMIR: Wie meinst du das, Mama?

BARONIN: — Häuser gewohnt, wo es gar keine Umstände macht, wenn man im letzten Moment seine Dispositionen abändert.

JAROMIR: Inwiefern?

BARONIN: Er, Galattis, erscheint also plötzlich nicht oder erscheint erst später — Madame kommt allein.

JAROMIR: Die Melanie Galattis kommt allein! Ah, da bin ich sehr überrascht. Das tut mir leid. Ich habe auf ihn gerechnet.

BARONIN *stehenbleibend*: Da bist du überrascht? So. — Und ihre Jungfer bringt sie plötzlich auch nicht mit. Man richtet also die Turmzimmer für drei Personen ein, es erscheint eine.

JAROMIR *scheinbar sehr erstaunt und amüsiert*: Die Melanie kommt ohne Jungfer! So eine bizarre Frau! Ich hätte nicht gedacht, daß sie ohne Jungfer eine Nacht in einer Jagdhütte verbringen würde. Aber so ist sie, unberechenbar. Sie wird dich unterhalten.

BARONIN *wieder auf und ab*: Frauen unterhalten mich selten! Besonders nicht, wenn ich sie durch längere Zeit sehen muß.

JAROMIR: Und meine Idee war gerade, daß eine solche An-
wesenheit von ein paar neuen Gestalten dich zerstreuen
würde —

BARONIN: Das war einer der Irrtümer, in die jüngere Ange-
hörige in bezug auf ältere öfter verfallen.

JAROMIR: Dann darfst du dich wenigstens absolut nicht stören lassen, durch die Gäste ebensowenig wie durch uns und
die Kinder. Das ist mein und Annas einziger Wunsch.

BARONIN *grimmig*: Ich bin euch für den Wunsch sehr ver-
bunden.

Sie stößt plötzlich den Stock auf den Boden.

Himmelherrgott —

Ruft

Theodor! — Wenn dieser Herr Galattis jetzt plötzlich weg-
bleibt, so ist doch das Bridge über den Haufen geworfen!
Da muß ich ja noch Knall und Fall jemanden herschaffen!

Ruft

Theodor!

Besinnt sich

Hört denn wieder kein Mensch! Milli!

JAROMIR: Aber Mama, schone doch deine Nerven. So wird
eben nicht Bridge gespielt werden.

BARONIN: Und die Abende?

JAROMIR: Man wird plaudern, man wird ein bißl im Park
umhergehen. — Jedenfalls führst du das Leben, das dir
konveniert, ungestört weiter, die Anna das ihre — ich das
meine. Ich denke zum Beispiel nicht daran, eine der Damen selbst von der Bahn abzuholen —

BARONIN: Ah, du willst das uns überlassen? Reizend von dir!

JAROMIR: Du schickst den Wagen hinaus — und bleibst vollkommen ungestört hier — indessen ich einen Spaziergang
mache und mit mir und meinen Gedanken allein bin. Ich
habe seit letzter Zeit, es muß das mit meinem vorgerück-
ten Alter zu tun haben, ein ungeheures Einsamkeitsbe-
dürfnis.

BARONIN: Dann war es ein außerordentlich glücklicher Gedanke, dir das Haus voller Gäste zu laden!

JAROMIR: Man isoliert sich nie so leicht, als wenn das Haus
voller Gäste ist. Ich werde jedenfalls die Vormittage durchaus unsichtbar sein.

BARONIN: Du schreibst wieder?

Jaromir bejaht stumm.

BARONIN: Und du wirst es wieder drucken lassen? Amüsiert
dich das so sehr?

JAROMIR: Ich weiß nicht, was du meinst? Es ist üblich, daß
man geistige Erzeugnisse durch die Druckpresse verbreitet—

BARONIN: Natürlich, wenn man ein Autor ist —

JAROMIR: Ich weiß nicht genau, Mama, worin du das Kriterium siehst, das mich von dieser Klasse von Menschen
abtrennen würde. Für die Welt bin ich nämlich ein Autor,
der meines ersten Buches. Mein Roman ist sehr anerken-
nend besprochen worden, er hat ein gewisses Aufsehen
gemacht.

BARONIN: Das Kriterium sehe ich darin, mein lieber Jaromir,
daß die Berufsschriftsteller etwas erfinden, während du,
der du eben keiner bist, und auch keiner zu sein verpflich-
tet bist, dich in deinem sogenannten Roman damit be-
gnügt hast, dich selber und deine eigenen Gefühle und Ansichten zu Papier zu bringen, auf Draht gezogen mit Hilfe
einiger Vorfälle aus deiner engeren Erfahrung, die ich
weder interessant noch mitteilenswürdig finde, die aber
vielleicht drei- bis vierhundert Personen veranlaßt haben,
das Buch zu kaufen, in der Hoffnung, in der sie dann allerdings enttäuscht worden sind, darin etwas handgreiflichere
und indiskretere Details über persönliche Bekannte zu finden, als ihnen tatsächlich darin aufzustöbern gelungen ist.

JAROMIR: Ich danke dir, Mama, daß du nicht gesagt hast:
Steht auf
n o c h handgreiflichere und indiskretere Details, aber ich
glaube, das ist ein Thema, in dem wir nicht weiterkom-
men. Ich darf also noch einmal wiederholen, daß ich in
bezug auf den Aufenthalt der Damen gar keine speziellen
Wünsche habe und alles — aber alles! — deinem Gutdünken
und der bewährten Umsicht und Tatkraft deines Theodor
überlasse — und um halb fünf zum Tee natürlich erscheinen werde.

Verneigt sich und geht ab über die Terrasse

BARONIN *vor sich*: Jetzt sind wir also, da die Melanie allein kommt, plötzlich sechs zum Bridge, statt sieben. Bleibt die Wahl, ob man den Forstrat, der so laut atmet wie ein Küniglhas, oder den affektierten Bezirkskommissär ...
Ruft nach links
Theodor!
Erinnert sich, stampft auf den Boden, ruft
Milli!
Die Tür links wird halb geöffnet und Anna mit dem kleinen Jaromir treten ein.

DER KLEINE JAROMIR *läuft hin, küßt der Baronin die Hand, sieht sich um* ...: Wo ist denn der Onkel Ado?

BARONIN *zu Anna*: Was sagst du dazu, daß plötzlich der Galattis nicht mitkommt?

ANNA: Aber Mama, das haben wir ja schon vor ein paar Tagen gewußt. Hat dir denn der Jaromir —

BARONIN: Keine Silbe. Er schien sehr erstaunt darüber.

ANNA: Du mußt verzeihen, es ist seine Arbeit, die braucht ein solches Maß von Vertiefung, daß er für alle anderen Sachen zerstreut ist. Du weißt, er schreibt wieder ein Buch.

BARONIN *bei ihren Gedanken*: Ich hab gehört, sie bringt auch keine Jungfer mit. Es ist doch unmöglich, eine junge Frau mutterseelenallein in dem Turmzimmer wohnen zu lassen, wo weit und breit kein Mensch zu errufen ist.

ANNA: Aber der Jaromir wohnt doch jetzt oben in der Mansarde.

BARONIN: Das hör ich. Das heißt, vor zwei Minuten hab ich es gehört.

ANNA: Also, wenn sie Bedienung braucht, wird sie läuten, und wenn sie sich ängstigt, was übrigens gar nicht in ihrem Charakter liegt, so ist das Fenster von Jaromir fünf Meter von ihrem Balkon, und er hört, wenn sie noch so leise ruft — also ist kein Grund, sich über Zimmereinteilung zu beunruhigen.
Baronin wirft ihr einen Blick zu und konstatiert die völlige Harmlosigkeit von Annas Miene.

DER KLEINE JAROMIR: Mami —

ANNA: Sei still.

Zur Baronin

Und was das Abholen betrifft, so werd ich mich sofort herrichten und werd der Melanie entgegenfahren, ich möcht
besonders artig zu ihr sein, weil sie doch früher — vor unserer Heirat — eine große Freundin von Jaromir war, —
und die Marie Am Rain holt der Dogcart ab. — Der Jaromir darf unter keiner Bedingung durch irgend etwas, was
mit den Gästen zusammenhängt, belastet werden. Er hat
mir das erklärt: er ist, wenn er an einem Werk arbeitet,
von einer einfach nicht vorstellbaren Empfindlichkeit und
Verstimmbarkeit.

BARONIN: Er läßt sich sehr gehen, der gute Jaromir.

ANNA: Ich glaub, Mama, davon haben wir beide keine Vor-
stellung, was in einem solchen Phantasiemenschen vorgeht,
wenn in diese innere Einsamkeit plötzlich die Menschen
sich eindrängen —

DER KLEINE JAROMIR: Großmama, der Theodor hat mir erlaubt, wenn er einmal krank ist, so darf ich ihn besuchen.
Aber allein darf man nie in sein Zimmer gehen — es ist
eine Zauberei im Zimmer, die macht, daß man eins zwei
den Fuß nicht vom Boden wegkriegen kann und so stehen
muß, bis der Theodor kommt und einen mit einem Sprü-
chel wieder losmacht.

ANNA: Aber Bubi, wer wird denn solchen Unsinn glauben?

SIEBENTE SZENE

General kommt wieder von links.

BARONIN: Also nichts ausgerichtet? Ich seh! Ich seh ja schon!

DER KLEINE JAROMIR: Warst du beim Theodor, Onkel Ado?
Liegt er im Bett? Hat er ein seidenes Kappel auf?

BARONIN *ungeduldig*: Also was wars denn, Ado?

GENERAL: Er sagt, er wäre überrascht und betroffen davon,
daß Sie Ihrerseits überrascht seien — wo Sie doch vor vierzehn Tagen seine Kündigung zur Kenntnis genommen
hätten —, es scheint, daß dieses Ignorieren Ihrerseits die
Sache verschlimmert hat, liebe Baronin.

BARONIN: Aber es muß doch eine tatsächliche Ursache haben.

Er tut mir doch so etwas nicht ohne eine schwerwiegende
Ursache —

GENERAL: Es war nicht möglich, ihn auf irgendeine Einzel-
heit zu bringen. Er hat mir nur die vier Dutzend Krawatten gezeigt — die er beim Servieren trägt. Er sagt, er ist
heute nach Mitternacht aufgestanden und hat sie einsam
in seinem Zimmer gebügelt, um sie heute der Beschließerin zu übergeben, und die Gedanken, die ihm während
dieses Bügelns durch sein Inneres gegangen seien, die
könnte er in diesem Leben niemandem offenbaren.

BARONIN: Er gibt der Beschließerin die Krawatten ab! Dann
betrachtet er sich ja schon als aus dem Dienst getreten!

DER KLEINE JAROMIR: Mami, darf ich jetzt zum Theodor
hinaufgehen?

ANNA: Ja, lauf hinauf und sag dem Theodor, daß ich zu ihm
hinaufkommen und mit ihm sprechen will. Sag: in drei
Minuten.

DER KLEINE JAROMIR: Ja, Mami.

Läuft fort

ACHTE SZENE

BARONIN: Du —

GENERAL *zu Anna*: Aber das ist doch unmöglich, Baronin,
eine junge Frau wie Sie — er liegt schließlich im Bett —

BARONIN: Lassen Sie sie, wenn sie will. Sie ist sehr in der
Gnad beim Theodor. Vielleicht erreicht sie etwas.

ANNA: Ich hab zwar das Gefühl, daß er mich haßt.

BARONIN: Im Gegenteil!

ANNA: Er hat manchmal eine Art, mich anzuschauen, als ob
er mich fressen wollte.

GENERAL: Glauben Sie mir, Baronin, hinter diesem Blick ist
nicht so viel von Liebe oder Anhänglichkeit.

BARONIN: Vielleicht haßt er uns und liebt uns zugleich?

GENERAL: Zugleich?

BARONIN: Abwechselnd. Ich kann mich da ganz gut hineindenken.

GENERAL: Sie können sich schon wieder in dieses Subjekt
hineindenken! Und mir ist alles an ihm unbegreiflich.

Neunte Szene

Der kleine Jaromir *schießt wie ein Pfeil zur Tür hinein.* Er wird gleich herunterkommen.

BARONIN: Wer?

DER KLEINE JAROMIR: So ist er aus dem Bett gesprungen, *Zeigt, indem er blitzschnell drei Treppenstufen herunterspringt* wie ich ihm gesagt hab, daß die Mami zu ihm kommen will, und hat gesagt: Ich werde mich sofort anziehen und unten im Salon erscheinen, — und warum er von uns weggehen will, hab ich ihn gefragt, und da hat er gesagt: das Ganze paßt ihm nicht, und er wirds der Großmama schon erklären. — Aber auf mich ist er nicht bös, und wenn die Mami es erlaubt, so nimmt er mich mit auf seine Mühle, und die steht mitten im Wald, und auf einem großen alten Eichenbaum hoch oben ist ein Zimmerl aus Lindenholz, ganz wie ein Vogelkäfig, dort sitzen wir dann bis Mitternacht und zaubern mitsammen.

BARONIN: Das Ganze paßt ihm nicht — hat er gesagt: nicht mehr oder nicht, Bubi?

DER KLEINE JAROMIR: Das weiß ich nicht mehr.

ANNA: Das wird sich ja alles ganz gut aufklären und ebnen lassen. Somit bin ich hier überflüssig und küß die Hand, Mama. Ich fahr auf die Station.
Geht ab mit dem kleinen Jaromir

Zehnte Szene

GENERAL *seufzt und schüttelt den Kopf*: Das ist schrecklich!

BARONIN: Was irritiert Sie, Ado?

GENERAL: Daß es gerade im Juni hat sein müssen, daß eine solche Unruhe dieses Haus erfüllt.

BARONIN *zerstreut, sie glaubt gehört zu haben, daß es klopft*: Was hat das mit dem Juni zu tun?

GENERAL: Amelie, es sind mehr als dreißig Jahre her, am elften Juni, daß Sie — daß ich — wissen Sie wirklich dieses Datum nicht mehr?

BARONIN: Ado, Sie sind ein Mathematiker, mit Ihren ewigen Ziffern! Mich interessieren Ziffern nicht!

GENERAL: Amelie, die Zeit ist doch gar nichts — wenn ich Sie so vor mir sehe — da existiert doch nichts, als daß Sie da sind!

Es klopft.

BARONIN: Herein! — Pardon, Ado, es hat geklopft.

ELFTE SZENE

GENERAL: Es klopft immer, wenn ich ein bißchen mit Ihnen sprechen will.

THEODOR *tritt ein, nicht in Livree, sondern in einem schwarzen Röckchen und dunklen Beinkleidern*: Ich habe mir erlaubt anzuklopfen, weil ich heute sozusagen als wie ein Besuch meine Aufwartung mache, aber da ich sehe, daß ich unbedingt störe —

Baronin wirft einen verzweifelten Blick auf den General.

GENERAL: Aber im Gegenteil. Bleiben Sie hier, lieber Theodor, und sprechen sich aus. Ich werde indessen im Park patrouillieren und melde Ihnen, Baronin, wenn der erste Wagen in die Allee einbiegt.

Ab durch die Glastür

ZWÖLFTE SZENE

BARONIN: Sie betrachten sich also hier nicht mehr im Dienst befindlich?

THEODOR: Allerdings, seit heute mittag zwölf Uhr.

BARONIN: Ja, was soll denn da werden? Sie wissen doch, daß ich zu allem noch Gäste erwarte!

THEODOR *mit bedauernder Gebärde*: Es ist mir selber sehr peinlich, aber sehr gewichtige Umstände haben mich in die Zwangslage versetzt —

BARONIN: Theodor, haben diese Umstände etwas mit meiner Person zu tun?

THEODOR: Euer Gnaden bitte ich nur in untertänigster Dankbarkeit die Hände küssen zu dürfen.

BARONIN: Hat jemand vom Personal sich gegen Sie etwas zuschulden kommen lassen?

THEODOR: Ich möchte in diesem Augenblick das Personal keiner Erwähnung wert halten!

BARONIN: Sie haben sich nicht entschließen können, dem Herrn General irgendeine Andeutung zu machen — aber der Kleine hat etwas dahergeplauscht —

THEODOR: Das Kind in seiner Unschuld versteht besser als durchtriebene Menschen ein Gemüt wie das meinige.

BARONIN: Der Kleine hat ausgerichtet: das Ganze paßt dem Theodor nicht mehr. Was soll das heißen?

THEODOR: Diese Worte sind sehr schicklich, um in einer allgemeinen Art das auszudrücken, was im besonderen vielleicht peinlich sein würde.

BARONIN: Ja, wie soll man da —

THEODOR: Es wurde auf solche für beide Teile peinliche Aussprachen im Falle meines mir nötig erscheinenden Rücktrittes im vornhinein gnädigst verzichtet, meine Gründe im vornhinein bewilligt.

Er will in die Tasche greifen.

BARONIN: Lassen Sie das stecken. Ich weiß, was ich geschrieben habe.

Schweigt und bohrt mit dem Stock auf dem Boden

THEODOR: Dieses gnädige Handschreiben wurde an mich erlassen zu meinem fünfundzwanzigsten Jubiläum in diesem herrschaftlichen Hause, als ein Zeichen besonderen ungewöhnlichen Vertrauens.

BARONIN: Das war meine Absicht.

THEODOR: Es sollten damit die Jahre, welche ich noch in dienender Stellung zu bleiben mich entschließen würde, herausgestrichen werden als Ehrenjahre.

Mit erhobener Stimme

Wer solche Ehrenjahre abdient, müßte demgemäß vor einer Mißachtung seiner Person geschützt sein.

BARONIN: Ja, wer bezeigt Ihnen denn Mißachtung? Wer untersteht sich das? Setzen Sie sich nieder, Theodor, und sprechen Sie sich aus.

THEODOR *setzt sich auf den Rand des Stuhles*: Es sind an mir in diesem Leben viele Ungeheuerlichkeiten begangen worden! Ich hätte bekanntlichst eine geistliche Person werden

sollen, aber als eine vaterlose Waise bin ich durch Gemein-
heit gemeiner Menschen in den dienenden Stand gestoßen
worden.

BARONIN: Ich kenne Ihre Biographie, Theodor. Sie ist sehr
achtenswert! Ihr Vater war ein Lump —, aber Ihre Mutter — Gott hab sie selig — eine der gescheitesten Frauen
auf der Welt, und Sie haben ihren Verstand geerbt.

THEODOR: Seine Freiherrliche Gnaden Herr Oberst ist demgemäß in meinen Armen abgestorben.

BARONIN: Ja, Sie haben meinen Mann treu gepflegt.

THEODOR: Der Herr Oberst hat mir in seiner letzten Lebensstunde gesagt, daß ich ihm meine Jugend aufgeopfert habe,
und hat mich mit Tränen in seinen sterbenden Augen be-
schworen, seinen Jaromir nicht im Stich zu lassen, und
mir den heiligen Eid abverlangt, daß ich dem jungen
Herrn mein Mannesalter aufopfern werde. Denn er hat
die vielen und großen Schwächen dieses Jünglings erkannt.

BARONIN: Und dann haben Sie siebzehn Jahre im Dienst
meines Sohnes verbracht und sich tadellos geführt. Aber
endlich haben gewisse Verschiedenheiten in Ihren beiden
Charakteren es wünschenswert erscheinen lassen, daß Sie
aus seinem Dienst wieder in meinen traten, was mir natürlich sehr lieb war.

THEODOR: Das könnte man gesellschaftlich so sagen, aber es
wäre weiter nichts als eine vertuschende Redeweise.
Sehr stark, aber nicht laut
Die Wahrheit ist diese: das ganze Leben, das er geführt
hat, war eine fortgesetzte Beleidigung meiner Person.

BARONIN: Pst, pst, Sie sprechen von meinem Sohn!

THEODOR *stehend*: Ich bitte nichts anderes, als die Hände
küssen und mich stillschweigend untertänigst zurückziehen
zu dürfen, auf immer.
Als wollte er gehen

BARONIN: Ich wünsche aber, daß Sie bleiben, Theodor.

THEODOR: Jawohl, meine Eltern haben mir in der heiligen
Taufe den lieben Namen Theodor zugeeignet. Er hat den
Namen nicht beliebt. Ich bin bei ihm die Jahre hindurch
Franz gerufen worden, Franz, wo ich, bitte, Theodor zu
heißen die Ehre habe! Darin bitte zu erkennen, wie er die

Menschenwürde in mir geachtet hat! Das Ganze war eine siebzehnjährige automatische Mißachtung.

BARONIN: Aber das sind doch schließlich nur Kleinigkeiten.

THEODOR: Kleinigkeiten? Für die menschliche Seele gibt es keine Kleinigkeiten, das müssen Euer Gnaden als hochgeborene und gebildete Dame wissen. Er hat vor meinen sehenden Augen ein Junggesellenleben geführt von einer beispiellosen Frivolität und eiskalten Selbstsucht.

Baronin stößt mit dem Stock.

THEODOR: Sehr richtig! Sie klopfen, Sie haben recht! Ich habe es ertragen. Ich habe Krawatte hergerichtet, den Jackett oder Smoking, wenn ich gewußt habe, er geht darauf aus, ein weibliches Wesen in einer nächtlichen Abendstunde mit kaltherziger Niederträchtigkeit um die Seele zu betrügen.

BARONIN: Aber Theodor, Sie sind mir doch auch kein Heiliger!

THEODOR: Ich bin kein Heiliger! Aber wenn ich eine liebende Handlung begehe, so begehe ich sie mit meinem ganzen Herzen und stehe dafür ein mit meiner ganzen Seele. Bei ihm aber ist das Gegenteil der Fall, und das kann ich nicht mehr vertragen mit meinem Auge zu sehen! Und jetzt ist der Tropfen gekommen, der den Becher bringt zum Überfluß!

BARONIN: Jetzt, wieso denn?

THEODOR: Jetzt, wieso denn? Wenn er sich jetzt seine Maitressen paarweise herbestellt ins Haus, jetzt wo er verheiratet ist, jetzt wo er eine Aufgabe hätte im Leben — wo sie ihm zwei Kinder gespendet hat, dieser gesegnete Engel — und da ladet er sich die Betreffenden hier aufs Schloß ein, nachdem er selbst in einem Büchel, in einem sogenannten Schlüsselroman ohne einen literarischen Wert, diese ganze Geschichte mit der Marie auf den Pranger hingestellt hat.

BARONIN: Ich verstehe absolut nicht, wovon Sie reden, Theodor.

THEODOR: Demgemäß bitte ich Hände zu küssen und mich stillschweigend zu entfernen —

Als wollte er gehen.

BARONIN: Jedenfalls gehören diese Dinge, möge selbst etwas daran gewesen sein, längst der Vergangenheit an!

THEODOR: Bei ihm gibt es keine Vergangenheit, so ist er nicht! Bei ihm ist nichts vorüber. Um etwas aufzugeben, dazu gehört eine innerliche Reinlichkeit.

Baronin stößt den Stock auf den Boden.

THEODOR *leise*: Dieses unglückliche Fräulein Marie, das ist ja eine Blume, die er geknickt und zertreten hat. Er ist wie eine Boa constrictor: ausgesogen hat er ihr die Seele viereinhalb Jahre lang! Aber jetzt, jetzt haben wir in Erfahrung gebracht, hat sich diesem Mädchen ein anderer genähert, der, scheint es, einer wirklichen Liebe, einer Hingebung fähig ist. Das reizt ihn aufs neue, da zieht er sie wieder herbei, damit sie seiner Herrschaft nicht entgeht und mag darüber ihre Jugend verwelken wie ein abgemähtes Gras! Wie wagt er das — vor meinen sehenden Augen? Wie darf er sich so über meine siebzehnjährige Mitwisserschaft hinwegsetzen? Bin ich sein Hehler? Sein Spießgefährte, der ihm die Mauer macht? Da tritt er ja meine Menschenwürde in den Kot hinein. Wie wagt er es vor meinen sehenden Augen, diese andere Person, dieses berüchtigte Frauenzimmer, diese Melanie hierher zu bestellen? Wie wagt er dann solche Manöver, daß er selber das Schlafzimmer verläßt, wo dieser gütige Engel mit ihm ehelich wohnt, und hinaufquartiert sich in die Mansarde, und bei hellichtem Tag den Schlosser daherkommen läßt, den Verbindungsgang herzustellen für eine nächtliche ehebrecherische Promenade, damit nur nichts klappert. Das spricht ja Hohn allen göttlichen und menschlichen Gesetzlichkeiten!

BARONIN: Aber Theodor! Theodor!

Geht auf und nieder

THEODOR *folgt ihr nach:* Wo in mir in meiner nichtvergessenden Herzkammer alle diese seine Weibergeschichten und Schlechtigkeiten abphotographiert sind bis in die kleinsten und niederträchtigsten Zärtlichkeiten und Meineide!

BARONIN: Aber mäßigen Sie sich doch etwas!

THEODOR *tritt zurück*: Ich bin müd, demgemäß eher gemäßigt. Aber meine gekränkte Person benötigt demgemäß eine große Heilung, damit ich die männliche Erbärmlichkeit vergessen kann. Ich muß in meine einsame Heimat, auf meine abgelegene Scholle, und alte, liebe Eichbäume müssen immerfort zu mir flüstern: Theodor, du bist ein Heiliger gegen diesen! Er ist nicht wert, die Riemen deiner staubigen Schuhe aufzulösen! Du hast ihn geschont aus Gnade, weil du eine große Seele hast vor deinem Herrgott!

GENERAL *erscheint auf der Terrasse*: Baronin, Sie müssen empfangen. Ich höre den ersten Wagen anrollen.

BARONIN: Das auch noch! Gleich. Gehen Sie unterdessen — ich komme.

General ab über die Terrasse

BARONIN: Aber Theodor, es wird doch einen andern Weg geben, irgendeine andere Form, Ihnen eine innere Genugtuung zu schaffen. Ich werde Sie doch deswegen nicht verlieren müssen?!

THEODOR: Frau Baronin, Gnaden, ich bin keine käufliche Seele. Eine Genugtuung, die mir in dieser Lebensstunde noch genügen sollte, die könnte sich nicht, wie in früheren Fällen, in der Dienstbotenatmosphäre abspielen — die dürfte nicht aus Äußerlichkeiten bestehen, die müßte auf das Große und Ganze gehen! Die müßte zeigen, wo Gott eigentlich Wohnung hat!

BARONIN: Eine solche kann ich doch unmöglich verschaffen.

THEODOR: Nein. Die könnte mir allerdings nur ein Stärkerer schaffen als Euer Gnaden!

Lächelt

BARONIN: An was denken Sie denn? So reden Sie doch! Ich bitte Sie mit aufgehobenen Händen — so reden Sie doch!

GENERAL *erscheint*: Baronin, das Fräulein von Am Rain fährt vor. *Ab*

BARONIN: Wenn es von mir abhinge, daß die Damen nicht erscheinen oder gleich wieder abreisen — würde ichs machen, aber ich kanns nicht.

THEODOR: Euer Gnaden können es nicht. Schön. Ich könnte es sehr leicht! Sehr leicht vielleicht nicht, aber mit einer gewissen Mühe. Die würde ich mir nehmen.

BARONIN: Sie?

THEODOR: Mit einem Atemzug würde ich diese zweischneidigen Techtelmechtel vor mich hinjagen wie Stäubchen.

BARONIN: Ja, wie denn, um Gottes willen? Sie werden doch nicht in offener Opposition meinem Sohn entgegentreten wollen?

THEODOR: Im Gegenteil. Ich würde sorgen, daß die Damen selbst in zartfühlender Weise dem Herrn Baron über die Gründe ihres Verschwindens anliegen werden.

BARONIN: Und eine solche Lösung, wenn sie denkbar wäre, — würde Sie — Sie würden dann Ihre Kündigung zurücknehmen?

THEODOR: Die Entscheidung darüber müßte ich vorbehalten, abhängig zu machen von dem Ausgang des Ganzen, ob derselbe mir in meinem Innern eine wahre und ausreichende Genugtuung bietet.

GENERAL *erscheint*: Baronin, es ist die höchste Zeit. Man ist schon da!

BARONIN *im Abgehen*: Bleiben Sie hier!

DREIZEHNTE SZENE

Bevor die Baronin noch hinausgetreten ist, erscheint Marie Am Rain auf der Terrasse. Sie ist sehr blaß und scheint von der Reise angegriffen. Die erste Begrüßung erfolgt auf der Terrasse, dann treten die beiden Frauen herein. Der General folgt ihnen. Die Jungfer ist zugleich von links hereingetreten.

MARIE *im Auftreten*: Und es war unendlich gut von Ihnen, daß Sie mir erlaubt haben zu kommen, und das zu einer so schönen Jahreszeit!

BARONIN: Bei uns ist die Jahreszeit nie schön, aber ich hoffe, daß Sie sich in unserm alten Kasten halbwegs gemütlich fühlen werden.

GENERAL: Und Ihr guter Vater, wie gehts ihm?

MARIE *indem es wie ein Schleier über ihre Stimme fällt*: Nicht sehr gut, Herr General.

GENERAL: Und das ist gerade ein Mann, der verdienen würde, daß es ihm gut ginge, grade der, wie kein zweiter!

MARIE: Ich danke Ihnen, Herr General, daß Sie mir das sagen. Das ist lieb!

BARONIN: Darf ich Ihnen das Zimmerl zeigen, das die Kinder

für Sie bestimmt haben? Es hat eine hübsche Aussicht, das
ist das einzige.

Macht Miene, mit Marie abzugehen

GENERAL: Baronin, ich höre den zweiten Wagen anfahren.

Zu Marie

Die Baronin erwartet nämlich noch die Frau von Galattis.

MARIE *sichtlich unangenehm überrascht*: Oh — dann bitte
bleiben Sie doch, Baronin! Nein bitte, bleiben Sie doch!

JUNGFER: Darf ich das gnädige Fräulein —

GENERAL: Ich bringe Sie bis an Ihre Tür. Sie müssen mir noch
mehr von Ihrem Vater sagen. Das ist doch der sympathisch-
ste Mann von unserer ganzen Generation —

Schon im Abgehen mit Marie

Sie können ja Gott danken, daß Sie ihn haben. *Ab*

VIERZEHNTE SZENE

BARONIN *zurückbleibend*: Also kommen Sie her, Theodor.
Schnell. Sie haben mir da früher Dinge vorerzählt, ich habe
einen ganz heißen Kopf bekommen. Ich hab nur so viel
daraus entnommen, daß Sie unter gewissen Bedingungen,
von denen ich allerdings nicht ahne, wie sie könnten erfüllt werden, bleiben würden. Ich kann nur eines sagen . . .

THEODOR: Ich glaube von meinen Bedingungen in deutlicher
Weise gesprochen zu haben. Meine Genugtuung wünsche
ich zu erblicken darin, daß das ganze Gebäude von Eitelkeit und Lüge zusammenstürzen muß, als eine unbegreifliche Wirkung meiner höheren Kräfte.

BARONIN: Ja, aber diese Bedingung ist doch unerfüllbar!

THEODOR: Ich habe deutlich gezeigt, daß sie erfüllbar ist,
wenn man mir die freie Hand läßt.

BARONIN: Ich habe keine Ahnung, was Sie mir da vorgeredet
haben.

THEODOR: Mir ist diese ausweichende Redeweise bei weib-
lichen Personen bekannt. Demgemäß werde ich mich in
Ruhestand zurückziehen.

Er heftet einen durchdringenden Blick auf sie.

BARONIN *schnell*: Ich weiß nur das eine, daß ich mit Ihnen
zufrieden bin und keinen Grund sehe, Sie zu verlieren.

THEODOR *lächelt und verneigt sich*: Ich werde demgemäß meine Maßregeln einleiten. Ich bin mit beiden Weiblichkeiten sehr vertraut aus langjähriger Bekanntschaft. Diese da —

Er zeigt auf die Tür, durch welche Marie eben gegangen ist ist ein unglückliches Wesen, mit einer schönen geängstigten Seele. Diese werde ich direkt anspielen. Die andere Person werde ich von der Bande anspielen.

BARONIN: Von der Bande? Was soll das heißen?

THEODOR: Das sind Ausdrücke, vom Billardspiel entlehnt. Ich habe gedacht, daß sie allgemein bekannt sind. Die Melanie ist wie die meisten Frauenpersonen dumm und gescheit zugleich. Demgemäß habe ich ausgesprochen, daß man sie indirekt oder von der Bande anspielen muß. Zu dem Behuf habe ich schriftlich schon herausgegeben, daß diese junge Witwe, die Hermine, sich hier auf dem Schloß einfinden und aushilfsweise Damenbedienung übernehmen soll.

BARONIN: Die Hermine? Ja, ich bin ganz einverstanden, aber ich habe gedacht, zwischen der und Ihnen stehts nicht ganz richtig?

THEODOR: Ich habe ihr verziehen und dies in einem Brief zu erkennen gegeben. Sie wird demgemäß heute abend glücklich erscheinen und mir blind ergeben sein. Sie ist gleichzeitig in feinerer Damenbedienung eine ausgelernte Persönlichkeit.

BARONIN: Meinetwegen. Und was soll ich tun?

THEODOR: In keiner Weise das Allergeringste gar nicht, mit Ausnahme: mir in diskreter Weise freie Hand zu lassen.

BARONIN: Ich beschwöre Sie, Theodor, ich weiß ja nicht, wo mir der Kopf steht.

THEODOR: Ich bitte, jetzt keine Beschwörungen mehr anzuwenden, sondern lediglich ein einziges Wort später auszusprechen, damit jedermann in diesem Hause weiß, woran er sich zu halten hat.

BARONIN: Ich sprech gar nichts aus. Ich will gar nichts wissen. Was für ein Wort denn?

THEODOR: Euer Gnaden werden ganz einfach sagen: »Und Sie, lieber Theodor, übernehmen jetzt wieder die Aufsicht über das Ganze«. Dies bitte ich auszusprechen, wenn das niedere Personal gegenwärtig sein wird.

BARONIN: Aber ich hab doch gar nichts mit Ihnen verabredet

THEODOR: Sehr wohl. Darauf werde ich bestehen, daß e
wörtlich ausgesprochen wird und in einer äußerst huld
vollen Weise: »Und Sie, lieber Theodor, übernehmen jetz
wieder die Aufsicht über das Ganze«. Es wird für mich
eine geheime unterirdische Bedeutung haben, die anzu
hören meinen Ohren eine schmeichelhafte Genugtuung be
reiten wird.

Sieht sie scharf an

BARONIN: Also, ich werd es sagen, ich werd es sagen —

FÜNFZEHNTE SZENE

GENERAL *erscheint*: Die Damen —

Anna und Melanie erscheinen auf der Terrasse. Hinte
ihnen der Gärtner in grauer Jägerlivree, der Melanie ein
kleine Tasche nachträgt. Baronin geht ihnen entgegen
Milli, die Jungfer ist gleichfalls eingetreten.

MELANIE: Es ist zu gut von Ihnen, Baronin, daß Sie mir er
laubt haben, zu Ihnen zu kommen.

ANNA: Sie ist ganz frei. Ihr Mann fischt Forellen, und si
wird sehr lang bei uns bleiben. Ich freue mich riesig. Wi
harmonieren schon wie zwei Zigeuner auf einem Pferd

Baronin wirft unwillkürlich einen ängstlichen Blick au
Theodor. Theodor erwidert den Blick mit einem über
legenen Lächeln.

DER KLEINE JAROMIR *kommt hereingelaufen*: Mami —

ANNA: Das ist unser großer Bub, die Kleine zeig ich dir dan
gleich!

BARONIN: Und mein Sohn. Was sagen Sie zu dem unge
schickten Menschen? Er wollte Ihnen entgegen. Er muß
den Feldweg genommen und bei der langen Hecke de
Wagen übersehen haben.

ANNA: Aber, Mama, du brauchst nicht schwindeln, sie kenn
doch den Jaromir so gut, die Melanie versteht alles an ihm

BARONIN: Darf ich Ihnen das Turmzimmer zeigen, wo di
Kinder durchaus gewünscht haben, Sie einzuquartieren
Ich hätte Ihnen ein bequemeres Appartement zugedacht.

Gebärde, sie zum Gehen einzuladen

MELANIE *hat Theodor bemerkt*: Ah, Sie sind auch da, Franz!
Nickt ihm zu

BARONIN *schon im Abgehen, bleibt noch einmal stehen. Theodor sieht sie scharf an. Unter seinem Blick sagt sie sehr nachdrücklich:*
Und Sie, lieber Theodor, übernehmen jetzt wieder die Aufsicht über das Ganze!
Die Damen gehen ab. General folgt, nachdem er einen sehr befriedigten Blick auf Theodor geworfen hat.

THEODOR *zum zurückbleibenden Personal*: Antreten!
Kurz und schnell befehlend. Das Personal stellt sich auf.
Zum Kutscher
Pferde abreiten!
Zum Küchenmädchen
Obers schlagen!
Zur Jungfer
Kerzen aufs Zimmer!
Zum Koch
Forellen besorgen!
Zum Gärtner
Blumen auf die Zimmer!
Zur Beschließerin
Verschwinden!
Alle eilen rasch ab. Theodor geht stolz ab.

Vorhang

ZWEITER AKT

Erste Szene

Die gleiche Dekoration. Anna und der kleine Jaromir an einem Tisch links.

DER KLEINE JAROMIR: Mami, wirst mich in Zirkus mitnehmen? Wann? Bis die Damen abgereist sind?
ANNA *stickend*: Ja.
DER KLEINE JAROMIR: Mami, die Damen sollen schon abreisen!
Anna stickt und antwortet nicht.
DER KLEINE JAROMIR: Sind sie zu dir oder zum Papi gekommen, die Damen? Hat der Papi sie herbestellt und haben sie kommen müssen? Mami, kann der Papi alles? Sag mir, was er nicht kann?
ANNA: Seckier mich nicht!
DER KLEINE JAROMIR: Sag mirs. Sag mir was einziges, was er nicht kann, der Papi!
ANNA: Komm her, ich werd dirs sagen!
Der kleine Jaromir läuft zu ihr.
ANNA *sieht ihm ernsthaft ins Gesicht*: Eine Unwahrheit sagen, das kann der Papi nicht.
Sie stickt weiter.
DER KLEINE JAROMIR *sieht nach hinten in den Park*: Mami, da kommt der Papi mit einer der Damen, mit der, die so gut riecht!
ANNA: Geh hinauf zu der Baby und schau, ob sie schon auf ist, aber leise.
DER KLEINE JAROMIR: Gehst du jetzt auch hin zu der Dame?
ANNA: Geh, geh.
Kleiner Jaromir läuft über die Terrasse ins Haus. Anna geht schnell nach rechts hinüber und verschwindet.

Jaromir und Melanie kommen aus dem Park.

MELANIE: Hier ist jemand gesessen und bei unserem Näherkommen aufgestanden. Es war entweder die Marie Am Rain oder es war Ihre Frau. In jedem Fall ist das sehr sonderbar. Wenn man es harmlos auffaßt, daß zwei Menschen miteinander durch den Park gehen, so bleibt man sitzen, bis sie herangekommen sind.

JAROMIR: Es war in gar keinem Fall die Marie, die hier gesessen und bei unserem Kommen aufgestanden ist. Es war unbedingt meine Frau.

MELANIE: Warum soll es nicht Ihre Freundin Marie gewesen sein? Ich habe das deutliche Gefühl gehabt, daß es jemand ist, der uns in einer offensichtlichen Weise aus dem Weg geht!

JAROMIR: Das kann nicht die Marie gewesen sein, es ist Schirokko.

Melanie sieht ihn an.

JAROMIR: Sie hat an einem solchen Morgen unfehlbar Migräne und muß bis Mittag in ihrem Zimmer bleiben.

MELANIE: Es geht doch fast kein Wind.

JAROMIR: Es muß kein Wind gehen, wenn die Luft so glänzt, dann ist Schirokko. Dann sehen die Blumen und die Bäume schöner aus als je — — Übrigens auch die Frauen. Das Weiße in Ihren Augen hat einen ganz anderen Glanz,
Näher
und die Perlen an so einem Hals nehmen einen feuchten Schmelz an, der unbegreiflich ist. Man weiß nicht, sind es die Perlen, die der Haut so gut stehen, oder umgekehrt.
Noch näher
Und während viele Menschen in solcher Luft abgeschlagen sind und lauter traurige Gedanken haben, erweckt diese Luft in anderen, zum Beispiel in mir, ein unbeschreibliches Wohlgefühl und ich begreife mich selber nicht, das heißt, ich begreife mich sehr gut, aber ich begreife nicht, daß es überhaupt Zeiten gibt, Wochen, Monate, wo man die Geduld hat, auf etwas zu warten, das sich in Wochen oder Monaten ereignen soll, während doch schon ein ganz

unbegreifliches Maß von Geduld dazu gehört, sich zu sagen, daß man frühestens heute gegen Abend — —

MELANIE *weicht ihm aus und sieht verstohlen überall hin, ob sie nicht beobachtet werden*: Ich glaube, Sie haben mich auf etwas aufmerksam gemacht, und ich gehöre zu den Menschen, die diese Luft eher auf unangenehme Gedanken bringt. Es war mir zum Beispiel gestern abend noch ganz gleichgültig, daß Ihre Freundin Marie wieder hier ist. Aber heute ärgert es mich, daß diese blasse Märtyrerin überall dort auftaucht, wo ich Sie treffe.

JAROMIR: Daß sie voriges Jahr in Gebhartsstetten war, ist ein bloßer Zufall gewesen.

MELANIE: Es gibt keine Zufälle. Ich hab mir auch gestern abend noch keine Gedanken darüber gemacht, daß Sie mir auf der Veranda unter dem Vorwand, mir die Plejaden zu zeigen, gesagt haben, daß Ihre arme kleine Frau bis heute nichts davon weiß, wie oft wir uns im April in Gebhartsstetten getroffen haben.

JAROMIR: Es ist ganz überflüssig, daß sie es erfahren sollte.

MELANIE: Aber heute erscheinen mir alle diese Dinge in einem höchst unangenehmen Zusammenhang. Auf diese Art bin ich ja von der Diskretion Ihrer schmachtenden Freundin abhängig.

JAROMIR: Die gute Marie hat keine Ahnung von uns beiden.

MELANIE: Ich finde dieses junge Mädchen unglaublich! Hat sie nicht genug mit der Publizität, die Ihr Roman ihr gegeben hat? Will sie sich noch ein bißchen mehr kompromittieren?

JAROMIR: Sie ist ein Engel an Güte! Sie ist nicht imstande, irgend etwas, das von mir ausgeht, in dem häßlichen Licht zu sehen, in dem, wie es scheint, die Welt die Dinge sieht. Sie denkt nicht daran, in einer erfundenen, aus meiner Phantasie entsprungenen Figur sich wiederzuerkennen, und ist über alles Getratsch erhaben.

MELANIE: Ich bin aber leider nicht Nachtwandlerin genug, um über die ganze Welt erhaben zu sein. Ich hoffe, daß das, was Sie schreiben, sich in keiner noch so entfernten Weise mit mir befaßt. Jaromir, ich hoffe, Sie erinnern sich immer an das, was Sie mir im April in dieser Beziehung geschworen haben!

*Theodor erscheint auf der Terrasse, macht sich dort zu
schaffen, dann verschwindet er wieder. Melanie, durch das
Erscheinen Theodors irritiert, macht eine zornige Bewegung.*

AROMIR: Du bist über alle Maßen reizend, wenn du zornig bist,
und es ist außerdem von einer herrlichen Vorbedeutung.

MELANIE: Was heißt das?

AROMIR: Immer waren die Vormittage so, auf die dann ein
besonders entzückender Abend gefolgt ist. Denk an Gebhartsstetten, an das Aprilwetter, an die finstere Jagdhütte!

MELANIE: Damals habe ich Angst gehabt, dich zu verlieren
an diese unverschämte Amerikanerin, und zugleich Angst
vor meinem Mann!

AROMIR: Ganz verfahrene Situationen sind deine Stärke!
Dann wirst du absolut wunderbar! Deine Augen werden
größer, deine Lippen verwandeln sich, deine Hände, dein
Gesicht! Wer dich so nicht gesehen hat, hat keine Ahnung,
wer du bist!

MELANIE: Schwör mir, daß du damals nichts notiert hast!

AROMIR: Damals, in diesen himmlischen Minuten? Bist du
denn närrisch, mein Schatz?

MELANIE: Aber du könntest etwas notieren. Du wärst imstande, für einen Roman, eine Novelle!

AROMIR: Aber nein, niemals!

MELANIE: Ach!

AROMIR: Was hast du?

MELANIE: Dort hinter der Glastür, der Franz schaut auf uns!

AROMIR: Soll er! er hat uns oft genug miteinander gesehen.

MELANIE: Warum geht Ihr Diener Franz immer dort hin
und her? Früher hab ich ihn dort drüben im Gebüsch gesehen.

AROMIR: Mein Gott, er wird halt irgend etwas zu tun haben.

MELANIE: Ich kenne ihn zu gut, Ihren Franz. Er hat nie
etwas Harmloses zu tun, dazu war er zu lange in Ihren
Diensten. Er ängstigt mich, er weiß zu viel von mir.
Schicken Sie ihn für ein paar Tage fort von hier.

AROMIR: Das kann ich nicht. Er ist gar nicht mehr mein
Diener, sondern der meiner Mutter.

MELANIE: Haben Sie gesehen, wie er jetzt auf mich herab-
schaut? Ich fühle, er legt mir einen Hinterhalt, und ich

werde ihm sicher hineinfallen. Ich habe heute nacht von
ihm geträumt, ich weiß nicht mehr was, aber etwas Unan
genehmes. Er ist zu sehr verknüpft mit allem Aufregenden
das ich um Ihretwillen erlebt habe. Ich sehe überhaupt nu
mehr ihn, wenn ich mich an Sie erinnere.

JAROMIR: Ich danke Ihnen sehr.

DRITTE SZENE

*Hermine, mit einer Schreibmappe und einem Fußpolster
tritt aus dem Haus auf die Terrasse. Theodor beobachtet si
streng, sozusagen dienstlich. Hermine wird unter seinem
Blick langsamer und tritt dann etwas unschlüssig die Stufen
hinunter, sie schickt sich an, die Schreibsachen auf den Gar
tentisch links zu legen.*

MELANIE: Ach, das sind meine Schreibsachen, auf die ich ge
wartet habe. Ich danke Ihnen, meine Liebe.
*Theodor macht Hermine ein Zeichen, daß sie den Fuß
polster nicht richtig gelegt habe. Hermine gerät in Ver
wirrung. Theodor eilt hin, richtet den Fußpolster ander
und winkt Hermine abzutreten.*

MELANIE *tut einen Schritt gegen den Tisch*: Ich habe sehr das
Bedürfnis, der Tinka einen langen Brief zu schreiben. Sie
wissen doch, Baron Jaromir —
Absichtlich laut
daß die Tinka Neuwall jetzt meine beste Freundin ist.
*Hermine ist über die Terrasse abgegangen. Theodor hat
das Schreibzeug auf dem Tisch geordnet, sich überzeugt
daß Fließpapier in der Mappe ist und zieht sich jetzt dis
kret zurück über die Terrasse.*

MELANIE *nachdem sie sich überzeugt hat, daß sie jetzt wieder
allein sind, in einem anderen Ton*: Wirklich, ich möchte
ihr gerne einen Brief schreiben, in dem ich ihr sage, daß
ich zwar gerne hier bin und wir uns oft und gemütlich
sehen, daß es uns aber entgegen ihren, Tinkas, pessimisti
schen Voraussagungen ganz leicht wird, einen freund
schaftlichen Verkehr in den Formen durchzuführen, deren
Einhaltung ein Gebot der primitivsten Selbstachtung und
Vorsicht ist.

AROMIR: Schreib diesen Brief, schreib ihn unbedingt.

Leiser

Aber zuerst komm daher.

Melanie tritt unwillkürlich ihm näher.

AROMIR: Schau dort hinauf.

Zeigt nach oben links. Melanie schaut hinauf.

AROMIR *dicht bei ihr, aber ohne sie zu berühren*: Siehst du dort droben das Fenster mit dem kleinen Balkon?

MELANIE: Ist das das meinige?

AROMIR: Das ist das deinige, und dort drüben die Mansarde, das ist das meinige, und der kleine Weg zwischen beiden — dort, wo etwas Weißes liegt, jetzt hebts der Wind auf, ein Blatt Papier ist es — dort dicht unter der Turmwand, hart überm Rand der Dachrinne, dort ist der Weg, den ich heute nacht, wenn alle schlafen, zu dir komme!

MELANIE: Schwör mir, daß du nie etwas von mir in einem Roman bringst. Oder es ist wirklich aus zwischen uns!

JAROMIR: Was für Ideen du dir in den Kopf setzt!

Er faßt sie beim Handgelenk und will sie an sich ziehen.

MELANIE *den Kopf von ihm weggebogen, macht sich mit einem Ruck los, fährt zugleich mit beiden Händen an ihren Hals und ruft*: Meine Perlen! Mein Gott, gerissen!

JAROMIR: Was ist denn?

MELANIE *die gerissene Schnur mit beiden Händen haltend*: Gerissen! Und ich hab sie erst vor zwei Jahren fassen lassen! Gehen Sie weg! Bleiben Sie stehen! Keinen Schritt! Sie können auf eine treten!

Sie geht zum Tisch und legt vorsichtig die gerissene Schnur ab und fängt angstvoll an zu zählen.

JAROMIR: Haben Sie alles?

MELANIE *zählend*: Das weiß ich doch noch nicht. Dreizehn, vierzehn, fünfzehn, sechzehn, achtzehn . . .

Zu Jaromir

So gehen Sie doch fort von mir! Sehen Sie denn nicht dort drüben bei der großen Linde Ihre Mutter und den alten General, die wahrscheinlich schon alles gesehen haben?

Zählt

Sechsundzwanzig, achtundzwanzig, neunundzwanzig . . .

Zu Jaromir

So gehen Sie doch schon und sagen Sie Ihrer Mutter guten

Morgen. Vierunddreißig — waren es vierunddreißig? Jetz
hab ich mich verzählt, mein Gott!

Zu Jaromir

So gehen Sie doch schon!

*Jaromir ist leise, mit vorsichtigen Tritten, auf den Boder
schauend, abgegangen.*

MELANIE: Das auch noch. So alte Leute sind so entsetzlich
weitsichtig.

Zählt

Zehn, elf . . . Das ist doch ein solches Unglückszeichen. Da
bleibt einem doch vernünftigerweise nichts übrig als sofort
abzureisen.

Zählt leise weiter

VIERTE SZENE

Theodor ist plötzlich erschienen.

MELANIE *zählt zu Ende*: Siebenundfünfzig, achtundfünfzig,
neunundfünfzig . . .

THEODOR: Neunundfünfzig waren es schon immer. Es ist
demgemäß alles in Ordnung!

MELANIE *erschrickt über seine plötzliche Nähe*: Haben Sie
je meine Perlen in der Hand gehabt?

THEODOR: In der Hand nicht, aber am Hals hab ich sie gezählt. Ich habe sehr gute Augen, unsereins muß manchmal
in unbeachteter Haltung warten, und da sucht man sich
eine Beschäftigung.

Melanie ordnet etwas an ihrem Kleid.

THEODOR: Auch ich habe wahrgenommen, daß die Kleider
nicht ordentlich gepackt waren, ich habe demgemäß der
dienenden Person Befehle gegeben, die Toiletten ordentlich zu bügeln und instand zu setzen.

MELANIE: Ich danke Ihnen, Franz.

THEODOR: Das ist meine Schuldigkeit. Ferner wäre dieses:
Euer Gnaden haben, höre ich, befohlen, daß die Koffer auf
den Boden geschafft werden. Es wäre allerdings für einen
längeren Aufenthalt das Richtige. Im anderen Falle wäre
es vielleicht ratsamer, die Koffer ganz in der Nähe zu haben.

MELANIE *unsicher*: Ich habe die Absicht gehabt, eine Woche oder zehn Tage hierzubleiben.

THEODOR *mit einem eigentümlichen Lächeln*: Wenn Euer Gnaden allen zum Trotz diese Absicht werden durchführen wollen —

MELANIE: Was meinen Sie mit »allen zum Trotz«?

THEODOR: Ich meine eine Unbequemlichkeit, der eine unbegleitete Dame in einem fremden Haus ausgesetzt ist!

MELANIE: Was wollen Sie damit sagen? Was für Unbequemlichkeit?

THEODOR *immer mit dem gleichen ominösen Lächeln*: Beispielsweise die Dachreparatur am heutigen Nachmittag. Wie sollen sich da Euer Gnaden in gebührender Weise zurückziehen, Siesta abhalten, wenn da gehämmert wird, unmittelbar unter dem Fenster. Das sind sehr peinliche Sachen.

MELANIE: Das Dach wird repariert?

THEODOR *wieder mit diesem Lächeln*: Natürlich, man könnte es noch aufschieben. Aber wenn beispielsweise heute nacht ein Wind käme, da sind solche Gitterteile am Blech, die klappern, daß kein Mensch ein Auge zumachen kann da droben, und gerade da zwischen Euer Gnaden Ihrem Fenster und Herrn Baron seinem nächtlichen Arbeitszimmer. Freilich, wenn kein Wind ist, da müßte schon gerade jemand herumlaufen, bereits wie ein Somnambuler, damit es zu einem Klappern käme. Aber wer sollte bei uns solche Exkursionen unternehmen? Wer, frage ich?

Er sieht Melanie scharf an, dann abspringend

Aber es ist eben bei uns sehr windig. Da droben ist eine Zugluft, bereits wie auf einem Berggipfel. Ich bitte nur gütigst zu sehen, da fliegen ja etliche Papierbogen gerade herum wie die Hexen. Das ist mir sehr peinlich, daß ich das wahrnehme. Das könnten nämlich sehr gut lose Blätter aus dem Herrn seinem Tagebuch sein, — diese sogenannten Notizblätter, aus denen er dann seine Romane zusammensetzt. Da bin ich sehr aufgeregt, denn das sind große Diskretionssachen. Er nennt nämlich in diesen Notizen immer alles sehr stark beim Namen, das darf in keine gemeinen Hände fallen!

MELANIE: Wo sehen Sie solche gräßlichen Blätter herumfliegen?

THEODOR: Da droben! Aber da können Euer Gnaden nicht
wissen, wie mich das aufregt. Für Euer Gnaden hat das
keine Bedeutung, ob so was in unrechte Hände kommt,
aber für mich, der ich in diesem Haus die Verantwortung
trage für alles — —

MELANIE: So gehen Sie doch, laufen Sie hinauf und bringen
Sie diese Blätter auf die Seite. Da sehen Sie nur, jetzt trägt
der Wind eins davon. Da hängts an der Dachrinne. Das ist
ja — ich geh mit Ihnen, ich helfe Ihnen.

THEODOR *bemerkt den General, der im Hintergrunde erschienen ist:* Ich werde gleich hinaufeilen. Aber Euer Gnaden
werden begrüßt vom Herrn General. Bitte sich demgemäß
umzudrehen.

FÜNFTE SZENE

*General mit einem Strohhut, grüßt, bleibt im Hintergrund
auf einer Stufe der Terrasse stehen. Melanie geht zu ihm
nach einem Moment der Verlegenheit und einem verzweifelten Wink nach dem Dach hin.*

GENERAL: Die Baronin wünscht, Ihnen ihre Lieblingsblume
zu zeigen!
*Mit Melanie ab. Theodor sieht ihnen nach, schaut dann
mit befriedigtem Ausdruck nach oben in der früheren Richtung. Ab*

SECHSTE SZENE

*Marie tritt links aus dem Haus und hält ein Buch unterm
Arm. Anna ist im gleichen Augenblick aus der Orangerie
herausgetreten. Beide erschrecken und haben eine gewisse
Mühe, unbefangen zu erscheinen, Anna ist blaß und verändert.*

MARIE: Oh, Sie sinds! Man sieht so schlecht gegen die Sonne.
Ich habe geglaubt, das ist die Melanie Galattis.

ANNA: Das war auch meine Idee, wie ich Schritte und ein
Kleid gehört habe. Ich war drin und hab etwas gesucht.
Die Kinder haben einen Ball verworfen!

MARIE: So werde ich Ihnen suchen helfen.
Kleine verlegene Pause
Sie sind hier gesessen. Ich sehe, daß Ihre Sachen da liegen.
Darf ich mich ein bißchen zu Ihnen setzen?

ANNA: Ich seh Ihnen doch an, daß Sie haben wollen allein
sein mit Ihrem Buch, nein?

MARIE *lächelnd*: Gar nicht! Setzen wir uns her!

ANNA: Aber dann hierher,
Zögernd
das sind der Melanie Galattis ihre Schreibsachen.

MARIE *tritt schnell weg vom Tisch*: Oh, dann nicht!

ANNA: Ach, da sind Sie gar nicht so intime Freundinnen?

MARIE: Ich habe keine intime Freundin.
Ihre Miene hat sich verändert.

ANNA *schnell und zart*: Sie brauchen mir nichts zu sagen. Ich
weiß, Sie haben Ihren Vater! Mein Vater war auch mein
bester Freund, er hat mich dem Jaromir gegeben.

MARIE *sieht sie freundlich an und lächelt traurig*: So?

ANNA: Nein, Sie sind nicht zu fürchten.

MARIE *sieht sie groß an*: Ich, ach mein Gott!
Beide lachen.

ANNA *wirft einen Blick nach hinten in den Park*: Da kommt
die Melanie, ich muß ihr guten Morgen sagen.

STIMME DES KLEINEN JAROMIR: Mami, so komm doch schon!

ANNA: Und da rufen mich auch meine Kinder.

MARIE: Zeigen Sie mir Ihre Kinder.

ANNA: Also gehen wir schnell hinein!

MARIE: Ja, schnell.
Sie verschwinden links ins Haus.

SIEBENTE SZENE

*Hermine kommt über die Terrasse heran. Sie scheint Melanie
zu suchen. Theodor erscheint, tut, als bemerke er Hermine
nicht.*

HERMINE: Herr Theodor, sind die gnädige Frau nicht mehr
hier?
Theodor beachtet sie nicht.

HERMINE: Sind die gnädige Frau vielleicht auf ihr Zimmer gegangen?

Theodor vertieft sich in die Betrachtung eines blühenden Strauches.

HERMINE *etwas unsicher*: Herr Theodor —

THEODOR *als bemerke er sie erst jetzt*: Ach, Sie wagen sich hierher? Sie riskieren, mir unter meine Augen zu gehen?

HERMINE *näher bei ihm*: Ich hab geglaubt, daß du jetzt wieder gut bist auf mich?

THEODOR: Wieso haben Sie das geglaubt?

HERMINE: Du hast doch oben im Zimmer ganz freundlich auf mich geredet!

THEODOR *geringschätzig*: Ich habe dienstlich an Sie die nötigen Worte gerichtet und damit war basta. Das lassen Sie sich gesagt sein, Sie Hermine. Mit meiner Empfindung spaßt man nicht.

HERMINE: Ich hab halt geglaubt, wie du mir geschrieben hast, ich soll wiederkommen aufs Schloß, daß damit zwischen uns alles wieder so ist wie früher.

Theodor macht sich mit den Pflanzen zu schaffen, ordnet den Tisch und tut, als wäre er allein.

HERMINE *zornig und dem Weinen nahe*: So darfst du mit mir nicht umgehen!

THEODOR *blitzschnell*: Ich habe etwas von Nichtdürfen vernommen.

Näher bei ihr mit einem erschreckenden Blick

Wer darf hier dürfen? Aber halt, was seh ich denn da fliegen? Diese Papiere da, das kommt doch von dort droben von den Zimmern, die Ihnen anvertraut sind!

HERMINE: Das sind gewiß die Papiere, die auf dem Schreibtisch gelegen sind.

THEODOR: Auf was für einem Schreibtisch?

HERMINE: Ich glaub, dem Herrn seinem Schreibtisch, den wir miteinander abgestaubt haben.

THEODOR *empört*: Was, miteinander? miteinander?

Scharf

Sie haben abgestaubt, und ich habe beaufsichtigt.

Leiser

Und da stehst du so ruhig? Davon redest du so bagatellmäßig? Ja, auf wen fällt denn das zurück?

HERMINE: Aber ich hab doch gesagt, hier ist so eine Zugluft, da werden gewiß die Schreibereien beim Fenster hinausfliegen, und darauf hast du das zweite Fenster noch aufgemacht!

THEODOR: Was? du schaust ja aus wie eine, die ausschaut, als wenn sie mir ins Gesicht eine Frechheit behaupten wollte. Ich hätte den Schwerstein weggelegt, das behauptest du? Das bringst du aus deinem Mund heraus?

HERMINE: Kein Wort habe ich vom Schwerstein gesagt! Den können Sie weggelegt haben oder nicht weggelegt haben, oder nicht weggelegt haben oder doch weggelegt!

THEODOR *sehr drohend*: Ich kann den Schwerstein weggelegt haben? Das! das wagst du mir ins Gesicht zu flüstern?

HERMINE: Sie verdrehen ja einem das Wort im Mund!

THEODOR: Ich verdrehe? Da!

Es fliegen hinten noch einige Blätter schief durch die Luft.
Ja, so rühren Sie sich! Ihnen anvertraute Sachen fliegen zwischen Himmel und Erde herum!

Hermine hascht einige der Blätter.

THEODOR: Dort liegt noch eins! Bewegen Sie sich ein bißchen flinker. Es geht jetzt um etwas anderes als um eine Schlosserliebschaft.

Hermine bückt sich.

THEODOR: Und jetzt hinauf damit! Aber halt! Wissen Sie denn, auf welchen Schreibtisch diese Sachen gehören?

HERMINE: Ja, am Herrn Baron seinen!

THEODOR: So, und wissen Sie nicht, ob es nicht Korrespondenzen von der Dame darunter sind? Auch dieses Fenster steht nämlich offen, und bei der Unordentlichkeit, mit der Sie Schreibsachen aufräumen, können sehr wohl aus dem Fenster der Dame Papiere ausgeflogen sein. Da müssen Sie sich sehr in acht nehmen.

HERMINE *zornig und dem Weinen nahe*: Ja, was soll ich denn jetzt tun mit die Fetzen?

THEODOR: Was, Fetzen? Sprechen Sie zu mir in einer ordentlichen dienstlichen Haltung! Benehmen Sie sich! Gehen Sie ein bißchen in sich!

HERMINE *weint*: Du redest ja, als wenn ich dir eine fremde Person wäre!

145

THEODOR *wild*: Schluß, Schlosserliebchen! Du bist für mich abgeschlossen! Zu einer Herrschaftsbedienung unter meiner Aufsicht gehört eben etwas anderes als eine Liebschaft mit einem ordinären, notorischen Schlosser! Also, jetzt bringen Sie die Sache in Ordnung! Es wäre gescheiter für Sie, es wüßte niemand, daß so diskrete Schriftsachen in Ihrer Hand gewesen sind. Legen Sie es in eine Mappe. Je schneller Sie so etwas aus den Fingern kriegen, desto besser ist es, das rate ich Ihnen im Guten! — Aber nicht hierher, — aufs Zimmer!

Er spricht die letzten Worte von der Terrasse und verschwindet dann blitzschnell ins Haus.
Sie Infusorie! *Ab*

Vorhang

DRITTER AKT

ERSTE SZENE

Dekoration wie im ersten und zweiten Akt. Marie sitzt in der Laube und verbirgt, da sie Schritte hört, ein Blatt Papier, worauf sie mit einer Füllfeder geschrieben hat, in einem Buch. Dann steht sie auf und verschwindet nach rechts. Anna kommt mit dem kleinen Jaromir die Treppe herunter.

DER KLEINE JAROMIR: Mami, wann wirst du mich in den Zirkus mitnehmen?

Anna gibt keine Antwort.

DER KLEINE JAROMIR: Wer hat dem Elefanten alles angeschafft? was er tun muß? Sein Wärter? Sag, Mami, darf er ihm alles anschaffen? Warum, weil er ihn dressiert hat?

Anna nickt zerstreut vor sich hin.

DER KLEINE JAROMIR: Gelt, Mami.

ANNA: Ja.

DER KLEINE JAROMIR: Und dir darf der Papi alles anschaffen? Hat er dich auch dressiert?

ANNA *rüttelt sich auf*: Geh, sei still, Bubi!

DER KLEINE JAROMIR: Mami, da sitzt die Marie und liest.

ANNA: Komm, Bubi.

DER KLEINE JAROMIR *im Abgehen*: Mami, wann wirst du mich in den Zirkus mitnehmen und auf dem Elefanten reiten lassen?

Sind nach links abgegangen

ZWEITE SZENE

MARIE *kommt wieder, setzt sich auf ihren früheren Platz. Sie nimmt das Blatt Papier wieder hervor und will weiterschreiben, läßt es wieder sein, sie sieht nach ihrer Armbanduhr, sieht auf, vom Warten gequält, späht nach oben ins Haus*: Jetzt werd ich bis zwanzig zählen — und dann wird er bei mir sein.

Sie schließt die Augen. Eine Pause. Schlägt die Augen wieder auf, ringt die Hände, flüstert vor sich hin
Ich hätte nicht hierherkommen dürfen, ich hätte nicht hierherkommen dürfen!

Dritte Szene

Theodor kommt lautlos die Treppe herab und geht leise und schnell vor sie hin.

MARIE *erschrickt*: Sie, Franz?
  Faßt sich
  Haben Sie etwas für mich?
THEODOR: Habe ich Sie erschreckt? Oh, da bitte ich Euer Gnaden um Verzeihung.
MARIE: Ich habe geglaubt, ein Brief, eine Nachricht für mich! Ich weiß nicht, ich bin so erschrocken.
THEODOR: Das kann ich begreifen. Sie haben durch seine Briefe sehr viel ausgestanden — und ich war der Überbringer! Schon mein Gesicht muß Ihnen unangenehm sein.
MARIE *ängstlich*: Franz, haben Sie einen Auftrag an mich?
THEODOR: Meinen vielleicht wieder einen solchen wie am siebzehnten April vor fünf Jahren, wo Sie in meine Arme hineingefallen sind bereits wie eine Tote?
  Nach einer Pause
  Nein. Aber — ich erlaube mir zu bemerken, Euer Gnaden hätten nicht hierherkommen sollen.
MARIE *vor sich*: Da liegt der Brief, in dem ich es ausspreche.
THEODOR: Sie müssen dem Herrn Vater Aufregungen ersparen. Ich habe ihn in der Stadt gehen sehen, so vor ein paar Wochen. — Ich verstehe mich auf Gesichter —
  Marie nickt.
THEODOR: Soll das Spiel vielleicht von neuem angehen, nach einer bereits fünfjährigen Pause? — — Der Anfang war doch bereits genau so. Ich erlaube mir zu erinnern: er hat Sie wollen einem anderen abjagen, der sehr große Liebe für Sie gehabt hat! Sie sind in ahnungsloser Angst vor ihm geflüchtet!
  Leise, aber sehr entschieden

Ich habe Ihre Spur gefunden und ihm Nase darauf geführt und er mit seiner Zungenfertigkeit ohne Herz und ohne Seele hat Sie beredet und erstes folgenschweres Wiedersehen durchgesetzt!

Marie seufzt.

THEODOR: Damals war es nicht möglich — — aber heute ist es möglich, Ihnen einen Rettungsanker zu überreichen. — — Sie sind mit einem schlechten Gewissen gekommen. Mit einer Unwahrheit gegen Ihren Herrn Vater!

MARIE: Franz, was erlauben Sie sich denn!

THEODOR *zieht schnell einen Brief aus der Tasche, aus einer anderen eine kleine silberne Platte und übergibt ihr den Brief am Ende des folgenden Satzes*: Ich entnehme das, indem der Herr Vater seinen täglich pünktlich besorgten Brief auf einem Umweg schickt! Haben ihm Adresse angegeben wo bis gestern waren, dieser Ausflug hierher ist ihm unbekannt geblieben.

Marie ist aufgestanden.

THEODOR: Oh — — also der Vater sitzt jetzt zu Hause — und sein kränkliches Herz, das weiß ich doch, ist angefüllt mit Sorge um sein einziges Kind. Da denkt er sich jetzt die freundliche Zukunft von seiner verräterischen Tochter aus, als Gemahlin eines rechtschaffenen Menschen, wenn er einmal nicht mehr da sein wird. Ist das vielleicht eine Kleinigkeit, ein Vater, der dort sitzt an einem Fensterplatz, wo er vielleicht nicht mehr lange sitzen wird — und hinausschaut durchs Vorgartl auf die Straße — ob vielleicht eine gewisse Fräulein schon bald nach Hause kommt, die sein Alles ist? Aber diese Dame ist auf Abwegen befindlich und Vater schaut sich umsonst die Augen aus —

Marie steckt den Brief zu sich, rafft ihre Sachen zusammen.

THEODOR: Ja, ja wirklich! Sie müssen fortgehen! Aber nicht nur von dieser Terrasse, den ganzen Aufenthalt müssen Sie abbrechen — augenblicklich!

MARIE: Ja, ich habe schon ohnehin fort wollen. Ich werde alles — — schreiben.

THEODOR: Ah, Briefel, damit er wieder Briefel schreibt. O nein! Ohne Briefel! Sie sind doch keine Madame Melanie! Er kann ja nicht leben, scheint es, wenn er nicht zwischen

Ihnen beiden abwechselt. Dieses doppelte Gespiel hat ja
einen ausprobierten Reiz für ihn.

MARIE *mit der letzten Kraft*: Das ist eine boshafte Lüge!
Ein Zufall, an dem ich schuld bin! daß diese Dame und ich
gleichzeitig hier sind!

THEODOR *lächelnd*: Oh, Sie sind ein guter auf sich nehmender
Engel.

Leiser

Er ist doch Ihr Feind! Hat er Sie nicht an Gott und der
Welt verzweifelt gemacht? Sagen Sie es!

MARIE: Woher wissen Sie diese Dinge?

THEODOR: Das wird schwer zu wissen sein! Er wird jetzt
kommen. Treten Sie vor ihm hin und machen Sie sich frei
von ihm auf ewig, sagen Sie ihm, daß Sie aufgerufen sind,
Ihr Herr Vater ist weniger wohl, werden Sie sagen! Es ist
telephoniert worden, werden Sie sagen, und ich habe soeben
Ihnen diese Nachricht gemeldet!

MARIE: Was wird er sagen, wenn ich plötzlich wieder abreise?

THEODOR: Was immer er sagen wird, es wird keine Wahrheit
sein!

MARIE: Ich kann ihm nicht weh tun!

THEODOR *leise, aber eindringlich*: Aber dem Vater, ja!
Er geht über die Stufen auf die Terrasse, kurz
Also demgemäß Abreise neun Uhr fünfzehn und einpacken!
Er verneigt sich, geht schnell ab.

VIERTE SZENE

Jaromir tritt auf, einen Fliederzweig in der Hand.

MARIE *schnell, allem was er sagen könnte zuvorkommend*:
Ich muß fort, heute noch!
Etwas unsicherer im Ton, hastig
Mein Vater ist weniger wohl.

JAROMIR: Sie haben eine Nachricht? Wann? Durch wen?

MARIE *mühsam*: Ihr Diener Franz! Es ist telephoniert worden.

JAROMIR: Marie?

MARIE *hat ihre Sachen im Arm*: Ich will fort! Ich muß fort!

JAROMIR: Marie!

MARIE: Nicht heftig sein, Jaromir! Nicht mir verderben diesen einen schönen letzten Tag! Ich war hier. — Ich habe diese Luft geatmet, Ihre Kinder gesehen. Ich habe in Ihrem Hause gewohnt, bin in Ihrem Garten gesessen!

JAROMIR *näher*: Marie! Du hast mich noch lieb! Sonst wärest du nicht gekommen! Du kannst nicht aufhören, zu mir zu gehören!

MARIE *ohne ihn anzusehen*: Ich will fort! Ich muß fort!

JAROMIR: Oh! Du bist eifersüchtig!

Marie schüttelt mit schmerzlichem Lächeln den Kopf.

JAROMIR: Auf die Melanie? — Dir zulieb hab ich sie eingeladen. Dir zulieb! — Ich weiß, in dir sitzt diese Angst, daß du mich belasten könntest. Du willst meinen Tag nicht ganz! — Für dich habe ich das alles so eingeteilt und jetzt willst du mich im Stich lassen!

MARIE: Ich habe es vor meinem Vater verheimlicht, vor allen Menschen gelogen! Ich muß fort!

Sie tritt eine Stufe höher.

JAROMIR: Bist du eine Egoistin geworden? Du, Marie? Du weißt doch, bis zu welchem Grade, Marie, ich mich einfach selbst verlier, wenn mich nur der Verdacht anweht, daß das Leben — der unbeschreibliche, unbegreifliche Fonds der Existenz selbst — daß das mir versagen könnte! Begreifst du denn nicht, daß du mich nicht im Stich lassen darfst!?

MARIE *auf der obersten Stufe*: Was Sie brauchen, wird Ihre Frau Ihnen geben — — Ihre Kinder — — Aber ich muß fort.

JAROMIR: Das sind Ausflüchte! Sprechen wir nicht von mir, sprechen wir ernstlich von dir. Was war denn der Inhalt deiner Existenz?

MARIE *schon weggewandt*: Ja, ja, aber ich muß fort!

JAROMIR: Du bist auf meine Frau eifersüchtig! Ist es möglich?

MARIE: Ich segne Ihre Ehe. Ich segne alles, was Sie umgibt — wenn Sie mich nicht hindern fortzugehen. Mögen Ihre Kinder lieben und geliebt werden!

JAROMIR *fühlt, daß er sie verloren geben muß*: Marie —

MARIE: Geben Sie Ihrer Frau alles, was Sie zu geben vermögen. — Mir nichts mehr. Kein Wort! Keinen Brief!

JAROMIR: Mit was für Augen schaust du denn auf mich!

MARIE *schon im Verschwinden*: Adieu, für immer. Adieu!

Theodor erscheint wieder, kommt über die Treppe.

JAROMIR *ratlos*: Das Fräulein Marie will plötzlich abreisen.
Sie ist ganz verstört durch eine Nachricht.

THEODOR: Sehr wohl! Ich habe schon demgemäß im Stall
angeordnet.

Er sieht sich um, ob Marie wirklich fort ist.
Ich habe befohlen, Blumen in den Wagen zu legen, ein gro-
ßes Bukett dunkelroter Rosen, so wie in früheren Zeiten.
Sieht sich um
Ah, da hat sie ihre kleine Tasche vergessen! *Geht hin*

JAROMIR *spricht für sich*: Man bildet sich ein, von einer zu
wissen, daß sie auch in der letzten Faser ihres Herzens
keine Egoistin ist und einen nicht jeder Regung ihrer
Laune oder ihrer schlechten Nerven aufopfert!

THEODOR *rechts, indem er das Täschchen hält, für sich*: In
seiner ganzen Verlassenheit und Schwäche hat so ein Mädchen doch so eine heldenmütige Stärke —

JAROMIR *ebenso*: — und irgendein zufälliger Anstoß kommt
und belehrt uns eines Besseren!

THEODOR *ebenso*: Da müßte man doch, wenn man ein Herz
im Leibe hätte, jeden Seufzer und jede Träne sammeln in
einem Körbchen aus Birkenrinde!

JAROMIR *zu Theodor, in einem anderen Ton*: Den Wagen
haben Sie bestellt? Ja, warum denn alles so überstürzt.
Warum denn alles in der Mama ihrem militärischen
Tempo? Franz! Vielleicht wird doch das Fräulein ihre
Abreise noch verschieben.

THEODOR *fast wie wenn er allein wäre*: Die bleibt nicht mehr
hier! Die habe ich demgemäß direkt in Gang gebracht!

JAROMIR: Wie, was sagen Sie?

THEODOR *nimmt sich zusammen, kann aber seinen Triumph
nicht ganz unterdrücken*: Ich habe demgemäß die Abreise
anbefohlen, wollt ich sagen, direkt im Stall anbefohlen,
weil keine Aussicht war, das gnädige Fräulein durch meine
noch so inständigen Zureden zurückzuhalten . . .
Geht schnell ins Haus ab mit dem Täschchen

JAROMIR: Darüber könnte man melancholisch werden. *Ab*

MELANIE *erscheint auf der Terrasse. Sie geht über die Stufen*
  rechts: Franz!
  Theodor erscheint.
MELANIE: Franz!
THEODOR: Sehr wohl!
MELANIE: Ich habe Sie hergerufen, weil Sie der einzige hier
  vom Personal sind, der mich kennt und den ich kenne!
THEODOR: Sehr wohl!
MELANIE: Ich fühle mich nicht ganz wohl, aber ich wünsche
  nicht, daß zu den Herrschaften darüber gesprochen wird!
THEODOR: Befehlen, daß in der Stille Abreise vorbereitet
  wird?
MELANIE: Das ist gewiß nicht notwendig. Es ist ein Zustand,
  der wechselt!
THEODOR: Befehlen, daß Doktor geholt wird?
MELANIE: Nein, ich möchte nur für alle Fälle meine Jungfer
  hier haben, verstehen Sie mich? Trachten Sie eine Verbindung mit Waldsee zu bekommen, ich werde selbst sprechen.
THEODOR: Verbindung kommt gewöhnlich, während Herrschaften bei Tisch sind. Dürfte ich vielleicht um Auftrag
  bitten?
MELANIE: Sie soll herkommen, mit dem Nachmittagszug oder
  per Auto. Wie immer, ich will, daß sie um elf Uhr abends
  spätestens hier ist!
THEODOR: Ich werde mit allem Nachdruck so ausrichten.
MELANIE: Ich danke Ihnen, da ist eine Kleinigkeit für Ihre
  Mühe. *Sie reicht ihm eine zusammengefaltete Banknote,*
  die sie aus einem Seitenfach der Mappe zieht. Theodor
  nimmt das Geld, indem er sich verneigt und Miene macht
  abzutreten.
MELANIE: Noch etwas!
THEODOR: Befehlen?
MELANIE: Es könnte sein, daß mir gegen Abend besser ist!
  Dann kann die Jungfer irgendwo im Hause untergebracht
  werden. Aber es könnte sehr leicht sein, daß mir ängstlich
  ist, verstehen Sie mich?
THEODOR: In diesem Falle müßte man im Toilettenzimmer
  neben Euer Gnaden eine Ottomane aufstellen.

MELANIE: Sehr gut! Aber ich möchte nicht, daß im Hause davon herumgeredet wird. Es ist ja für alle anderen uninteressant.

THEODOR: Ich werde alles persönlich in der Stille besorgen!

Melanie nickt ihm zu und geht über die Terrasse ins Haus.

THEODOR: O nein, meine liebe Melanie, die Jungfer wird nicht herkommen, sondern du wirst abreisen, heute abend! So eine wie du, die werde ich doch noch mürbe kriegen! Du bist doch eine Gewöhnlichkeit! Dich schmeiß ich doch um mit dem ersten Anblasen.

Er fährt nach seiner Westentasche.

Ah, da habe ich ja Fieberthermometer bei der Hand, da kann ich deine Temperatur ablesen.

Er hält die Banknote in der noch geschlossenen Hand empor, als wollte er zwischen den Fingern hineinblinzeln.

Kenn ich dich vielleicht nicht? Für gewöhnlich bist du eine gewöhnliche Personnage. Aber wenn du eine Angst kriegst, dann schmeißt du um mit dem Geld, damit du dich herausziehst. Da werden wir sehen, ist es nur eine Zwanziger-Note, da müssen wir dich noch eine Weile hupfen lassen, da müssen deine Nerven noch ein paar Überraschungen erleben! Ist es ein Fünfziger, so ists Spiel schon halb gewonnen!

Er öffnet ein wenig die Hand und blickt hinein.

Was, ein Hunderter!? O du heiliger Stanislaus, du fährst heute ab, um neun Uhr fünfzehn! Über dich komm ich ja wie ein Wirbelwind!

Tanzt ab

Vorhang

VIERTER AKT

Ein kleines Zimmer mit einem Bett. Unordnung, wie sie eine elegante Frau umgibt. Im Hintergrund, nicht in der Mitte, das einzige Fenster, ein bis zum Boden gehendes Balkonfenster, verschlossen durch die Glastür mit Vorhängen, die angelehnt ist. Tür links, rechts Tapetentür ins Toilettenzimmer.

ERSTE SZENE

MELANIE *sieht gebückt in einen Stoß beschriebener Blätter, in denen sie liest:* Natürlich bin ich das. Es schwimmt mir vor den Augen. »M — M — M« das bin ich. — »Begegnung im Walde« — »Eine Jagdhütte« — »Ein Aprilwetter« — »Suchende im Walde mit Fackeln« — »Der Ehemann, der nachfährt«. — Er nennt ihn Gustav. Was nützt das, wenn sonst alle Details stimmen? Kommt jemand?
Sie wirft ein Peignoir über das Paket, nachdem sie die Blätter schnell geordnet hat, läuft an den Spiegel, richtet sich. Ein Schatten an der Balkontür von außen.
Jaromir, was fällt Ihnen ein, durchs Fenster zu kommen! Wie können Sie —
Theodor durchs Fenster herein, indem er die angelehnte Glastür von außen nach innen öffnet.

MELANIE: Ah, Sie sinds, Franz?

THEODOR: Ich bitte untertänigst um Vergebung. Ich habe in Eile schnellsten Weg genommen, um zu melden wegen der Jungfer. Ich habe mit großer Mühe Verbindung bekommen —

MELANIE: Sie kommt also —

THEODOR: Leider — nein! — Es ist dort etwas dazwischengekommen.

MELANIE: Ja, was denn? Sie hätten nichts dazwischenkommen lassen dürfen! — Ich will nicht allein bleiben!

THEODOR: Wenn ich melden dürfte? Ich habe die Jungfer an Telephon rufen lassen, sie läßt Hände küssen und läßt melden, sie könnte nicht abkommen, weil unversehens die Damen Galattis oder so etwas — — angekommen sind.

MELANIE: Meine Schwägerinnen in Waldsee?

THEODOR: Unversehens zurück aus Mähren — — und da hat die Jungfer heikle Bedienung übernehmen müssen und da ist sie der Meinung, Euer Gnaden selbst, wenn das gewußt hätten, hätten demgemäß unbedingt befohlen dort zu bleiben — — und dem hab ich beigestimmt — weil ich doch weiß, was das für Spioninnen sind, diese beiden teilweise unverheirateten, teilweise verwitweten Frauenspersonen. Habe ich denn vergessen, was uns diese so vor vier Jahren dort an der Riviera für eine Hetze angezettelt haben!

MELANIE: Ah, diese fürchterliche Geschichte im Eden-Hotel in Nervi, die wissen Sie noch!

THEODOR: Vergesse ich denn so etwas — — bin ich denn ein solcher Hudri Wudri, ein oberflächlicher, daß ich solche Schreckenstage von meiner Seele abbeuteln könnte wie ein Hund die Flöhe? — Sehe ich denn Euer Gnaden nicht dastehen bereits wie eine verlorene Person — wo? In meinem geistigen Auge! Von damals rede ich, wie diese beiden Schwägerinnen uns nachgereist sind und unversehens dagestanden sind in Hotelhalle! — Und der Herr Gemahl, ist mit ihm zu spaßen? Ist das ein angenehmer Gegner? Täte der ein Erbarmen kennen, wenn noch diese beiden Furien ins Feuer blasen, heute wie damals?

Melanie will etwas sagen. Er läßt sie nicht.

THEODOR: Und die sind zähe Rabenviecher, diese Intrigantinnen! Nicht einmal unsere Verehelichung hat ihnen ganz ihr Mißtrauen eingeschläfert! Und wenn die den kleinsten Anhaltspunkt wiederum bekämen — so ein Dokument — so irgendwelche Inflagrantisachen — so wie damals die Photographien, die der Haderlump, dieser Zimmerkellner, aufgenommen von Eurer Gnaden und meinem Herrn Baron in einem Mondschein sehr nahe beisammen.

MELANIE: Wieso erinnern Sie sich denn an das! Das ist doch gräßlich, daß Sie das noch wissen!

THEODOR *sehr ernst*: Ich erinnere mich an alles. Deswegen braucht man sich vor mir in keiner Weise zu schämen. Es gibt Individuen, die interessiert nichts, als die eigene Person. Zu dieser Sorte gehöre ich nicht. Ich bin es — nebenbei — gewesen, der diesem Haderlumpen die Platte abgekauft hat, und damit ist Beweisstück aus den Händen geräumt gewesen und die Schwägerinnen sind abgezogen als unbeweisbare Verleumderinnen und haben gekocht vor Gift und Galle —

Im Zimmer umher Ordnung machend

Ich werde dieser bedienenden Person einschärfen, öfter unter Tags aufzuräumen. Sie scheint nicht zu wissen, was Damenbedienung ist.

Er hebt das Peignoir auf und entdeckt das Manuskript.

Ah, das ist aber! Ja, wie kommt denn das daher! Ah, da trifft mich der Schlag!

MELANIE: Sie kennen diese Schriften?

THEODOR: Ja, was ist denn das? Je, wie käme denn das daher! Ob ich das kenne? Das ist doch der neue Roman. Ich habe doch alles miterlebt! Es sind natürlich Ungenauigkeiten darin. Er hat ein schwaches Gedächtnis.

Geringschätzig

Gelegentlich frägt er mich um etwas: und das ist dann demgemäß die einzelne Sache, auf die gerade alles ankommt —

Er blättert.

Aber da bin ich demgemäß sehr überrascht. Hat also Aussprache darüber

Er zeigt auf das Manuskript.

stattgefunden und haben in schwacher Stunde Zustimmung gegeben?

MELANIE: Ich? Gott im Himmel!

Sie zerknüllt ihr Taschentuch zwischen den Händen.

THEODOR: Aber das ist, halten zu Gnaden, nicht ungefährlich. Käme das diesen Schwägerinnen in die Hände, die möchten schweres Geld geben — — die wären ja im Nachhinein rehabilitiert als rechtschaffene Angeberinnen. Die möchten ja das bereits wie ein Corpus delicti benützen! Aber ich bitte um Vergebung! Euer Gnaden werden sich das alles besser überlegt haben. Ich bitte um Begnadigung, wenn ich mich durch alte Anhänglichkeit hinreißen lasse!

MELANIE: Franz, Sie sind ein alter treuer Begleiter und Diener, ein alter Vertrauter — Ich werde Ihnen alles sagen! — Es ist — ich habe — ich bin — ich weiß nicht. Dieses Paket ist da gelegen — ich bin außer mir.

THEODOR: Also dann nicht. Herr Baron hat es überreicht zur Kenntnisnahme.

MELANIE: Ich sag Ihnen ja! Ich hab keine Ahnung! Es ist da gelegen! Ich habe es aufgeschlagen und war wie vom Blitz getroffen.

THEODOR: Belieben zu setzen in einem Fauteuil.

MELANIE *setzt sich*: Ich habe — im Gegenteil, der Herr Baron hat mich bestimmt versichert — ich meine, ich habe ihn so verstanden, daß er niemals die Erinnerungen, die sich auf mich und unsere früheren Begegnungen beziehen, zu einer Aufzeichnung benützen wird.

THEODOR: Ich verstehe. — Ah, da geht mir aber ein Licht auf! Ah, da sehe ich ja deutlich!

MELANIE *springt wieder auf*: Was, Franz, wer? Lieber Franz! Was meinen Sie?

THEODOR: Jetzt versteh ich!

MELANIE: Was verstehen Sie?

THEODOR: Das Herumschleichen von der Milli und so fort. — Und diese Rosa steht heute noch in Verbindung mit denen Schwägerinnen: das ist mir bewußt.

MELANIE: Franz, so helfen Sie mir doch!

Sie greift nach ihrem Portemonnaie, das wo liegt.

THEODOR: Es waren sehr viele Geräusche am Telephon, sehr schlecht zu verstehen — aber das ist sicher: die Jungfer hat nicht herkommen wollen, hat sich Ausrede machen wollen, diese tückische Person! Die hat Respekt vor dem Herrn Gemahl. Die weiß, daß mit dem Herrn nicht gut Kirschen essen wär, wenn man als Gelegenheitsmacherin in seine starken Hände fallen täte! Euer Gnaden sehen nicht gut aus! Befehlen, daß ich Tee und Kognak heraufserviere?

Melanie winkt nein.

THEODOR: Sie hat auch etwas gemurmelt von schlechter Laune von Herrn Gemahl, das fällt mir jetzt erst ein!

MELANIE: Was soll ich tun, Franz?

Sie hat ihr Portemonnaie in der Hand.

THEODOR: Fragen mich — oder benützen nur so allgemeine Redeweise?

MELANIE: Ich frage Sie, lieber Franz! Natürlich frage ich Sie!

THEODOR *in bezug auf das Manuskript*: Das muß aus der Welt! Dann sind die heimtückischen Mitwisser ohne Beweisstück und können sich aufhängen!

MELANIE *gibt ihm schnell viel Geld aus ihrem Portemonnaie, indem sie es ihm zusammengedrückt in die Hand schiebt*: Tun Sie, was Sie für gut halten!

THEODOR *nimmt das Geld, schiebt es in die Westentasche, tritt aber zurück*: Wie meinen das, bitte?

MELANIE: Räumen Sie es weg, verbrennen Sie es!

THEODOR *legt das Manuskript weg, auf den Tisch, als ob es ihn brennte*: Ah, das getraue ich mich nicht! Ja, wer bin ich denn? Ich bin in einer dienenden Stellung. — Wo er das bei seinem schlechten Gedächtnis hütet wie seinen Augapfel — ja — da riskiere ich ja meine Existenz! Wenn das aufkäme!!!

MELANIE *ringt die Hände*: Mein Gott, so geben Sie mir doch einen Rat!

THEODOR: Befehlen Rat? Ratsam wäre eines: abreisen, diesen Abend, und mitnehmen die Sache als Eigentum.

MELANIE: Mitnehmen?

THEODOR: Man wickelt ein und legt in Koffer. Dann sind Euer Gnaden sicher wie in Abrahams Schoß.

MELANIE: Aber wie kann ich denn das?

THEODOR: Wieso können? Was kann er machen geltend? Moralisch? Ah, da möchte ich sehen. Soll er hinfahren und sich wieder holen. Soll er betteln darum, Euer Gnaden werden diktieren!

MELANIE: Ich kann doch nicht etwas stehlen!

THEODOR *legts hin*: Ah, bitte! Dann nicht! Da werde ich mich dementsprechend zurückziehen!

MELANIE: Franz, legen Sie es in meinen Koffer, schnell, ich reise ab!

Es klopft.

THEODOR *lächelt befriedigt*: Schlimmstenfalls sagt man, es ist aus Versehen eingepackt worden, und schiebt es aufs Aushilfspersonal.

Er nimmt das Paket.

MELANIE: Herein!

Zu Theodor

Packen Sie es in den Kleiderkoffer ganz unten.

Nochmals gegen die Tür
Herein!
*Theodor, das Paket unterm Arm, geht langsam gegen die
kleine Tür rechts.*

ZWEITE SZENE

JAROMIR *tritt links ein, erstaunt*: Was machen Sie schon wie-
der hier?
Leise zu Melanie
Ich bin überrascht!
MELANIE: Wieso denn schon wieder? Ich hab den Franz ge-
rade gerufen. Er muß mir helfen, alles schnell in Ordnung
bringen.
Sie sieht auf die Armbanduhr.
Ich reise in zwei Stunden und zwanzig Minuten.
JAROMIR: Sie reisen? Sie reisen — von hier ab?
MELANIE: Um neun Uhr fünfzehn —
*Theodor ist eifrig tätig, kleine Toilettengegenstände, Sa-
chets, Pantoffel, Bänder, Handschuhe, die in allen Teilen
des Zimmers verstreut liegen, zusammenzusuchen.*
JAROMIR *fassungslos vor Staunen und Ärger*: Sie —
Unwillkürlich sich zu Theodor wendend
Was soll denn das heißen?
*Theodor hält Jaromirs Blick aus, erwidert ihn mit verbind-
lichem Lächeln und zeigt auf Melanie.*
MELANIE: Warum fragen Sie denn ihn? Ich will es Ihnen
gerade erzählen.
Leiser
Ich habe beim Fortfahren von zu Haus kein gutes Gefühl
gehabt.
JAROMIR: Inwiefern?
*Theodor, im Begriff ein Morgenkleid an sich zu raffen, das
dort liegt wo Jaromir lehnt, nötigt diesen, ihn devot an-
lächelnd, seine Stellung zu wechseln.*
MELANIE *halblaut*: In bezug auf meinen Mann und diesen
Ausflug hierher. Ich habe telephoniert. Es war, wie ich
gedacht habe. Er nimmt es sehr übel, daß ich ohne ihn
gefahren bin.

JAROMIR *völlig verstört und zu laut, ja mit einem Aufstampfen des Fußes:* Das ist ungeheuerlich!

THEODOR: Befehlen?

JAROMIR: Ich habe nicht zu Ihnen gesprochen.

Theodor lächelt und sammelt Nadelpolster, Photographien, französische Bücher, Flakons und anderes, trägts ins Toilettenzimmer, eilig ab und zu gehend.

MELANIE *sieht wieder auf die Armbanduhr:* Es bleibt mir gerade die Zeit, mich bei Ihrer Frau Mutter zu entschuldigen und Ihrer Frau adieu zu sagen.

Jaromir beißt seine Lippen.

MELANIE *von jetzt an mit einer reizenden Ruhe und Sicherheit:* Sie haben eine reizende kleine Frau.

Leiser

Wir haben zu wenig an Ihre Frau gedacht. Und auch zu wenig an meinen Mann.

JAROMIR *so zornig, daß er nicht mehr höflich ist:* Jetzt auf einmal, das ist unerhört!

MELANIE *sehr ruhig und sanft:* Ich habe das heute vormittag plötzlich gefühlt.

JAROMIR *ganz leise und sehr böse:* Heute vormittag! Ah! ah!

MELANIE *wegrückend und zugleich einen lauten Ton nehmend:* Es hat mich sonderbar und nicht angenehm getroffen, wie Sie diese Geschichte — die im April passiert ist — diesen Abend in der Jagdhütte — wie Sie das sehen —

JAROMIR: Wie ich das sehe?

MELANIE: Ja, die Rolle, die mein Mann dabei gespielt hat — dabei und bei früheren Vorfällen —

JAROMIR: Vorfälle nennen Sie das? Das ist ein etwas unerfreulicher Ausdruck.

MELANIE *ruhig und halblaut:* Ich weiß. Ich habe das erlebt, Jaromir, erlebt, gelebt und

Leiser

vielleicht auch genossen. Ich bin manchmal eine sehr leichtsinnige Person — und — ich kann es nicht ertragen, einen Freund zu verlieren, und deshalb reise ich ab.

JAROMIR: Das ist ja ein böser Traum! Diese Aufeinanderfolge, diese Duplizität der Fälle —

MELANIE: Was haben Sie denn? Welche Duplizität? Ich sage es Ihnen doch: ich habe gefühlt, daß mein Mann nicht

gerne sieht, daß ich allein hier bin. Ich bin auf einen
Sprung hergekommen, um Ihre Ungeduld zu stillen —
denn Sie sind ein ungeduldiger Mensch und ich bin eine
alte gute Freundin —

JAROMIR: Das nennen Sie meine Ungeduld stillen?

MELANIE: — und ich fahre zurück und komme, wenn es
Ihnen recht ist, die nächste oder übernächste Woche — mit
meinem Mann. Er wird sich hier sehr wohl fühlen. Er hat
einen besonderen Sinn für Wesen, wie Ihre Frau eines ist

JAROMIR *wütend*: Da ist irgend was passiert, das du mir ver-
heimlichst. Dahinter steckt ein Mann, aber nicht der
deinige!

MELANIE *sieht ihn an*: Oh, wie schlecht Sie mich kennen
Jaromir, das könnte einen beinahe traurig machen!

JAROMIR: Ich kenne dich schlecht?

MELANIE *sehr ruhig*: Sie kennen vielleicht manches von mir
aber nicht das, was vielleicht das Beste an mir ist. Nicht
die Seite, die zum Beispiel mein Mann kennt. Es ist meine
Schuld. Ich habe das vor Ihnen versteckt, ebenso, wie ich
vor ihm das andere versteckt habe. Und ich weiß wiederum, Sie verstecken geflissentlich vor mir Ihr Bestes —

JAROMIR: Ah, ah, das wäre?

MELANIE: Ihre Ehe und die große Liebe, die nach einem
etwas überstürzten, Ihrerseits geradezu frivolen Anfang
diese gerade, ehrliche, bezaubernde und in Sie verliebte
hübsche Person in Ihnen geweckt haben muß —

JAROMIR: Ah, Sie empfehlen mir meine Frau! Ah — das ist
ja eine Serie! Ihr seid eine wie die andere! Sklavinnen
eurer mehr oder minder hysterischen kleinen Launen
Seid noch so verschieden voneinander, in einem seid ihr
gleich, in einer grenzenlosen Selbstsucht — Wer erlaubt
euch, das Herrliche, das uns euch ausliefert, in dieser
Weise zu verwalten?

Es klopft an der Tür links.

MELANIE *schnell*: Herein.

Theodor, hinter ihm Hermine treten links ein. Jaromir trommelt wütend mit den Fingern auf der Kommode, nächst der er steht.

THEODOR *indem er auf seine Uhr sieht*: Euer Gnaden werden verzeihen, wenn wir mit Packen schon anfangen. Gepäckwagen geht vor acht Uhr.

MELANIE: Ja natürlich, packen Sie nur. Bringen Sie auch den zweiten Koffer hier heraus, hier ist mehr Platz. Und geben Sie nur acht, Franz, daß später dann d a s zuunterst gelegt wird, was ich Ihnen früher übergeben habe.

THEODOR: Sehr wohl, ich werde beaufsichtigen.

Ab mit Hermine ins Toilettenzimmer, dessen Tür offen bleibt

MELANIE *mit einem Blick auf Jaromir*: Und jetzt bleibt gerade noch die Zeit, daß Sie mich zu Ihrer Mutter begleiten, damit ich mich verabschiede. Die letzte halbe Stunde dann vor dem Souper will ich mit Ihrer Frau verbringen — aber ohne Sie. Wir Frauen haben einander eine Menge zu sagen.

Theodor und Hermine bringen mehrere Koffereinsätze, auf denen Blusen, Kleider, kleine Morgenmäntel, Kimonos und dergleichen aufgehäuft liegen. Jaromir will etwas antworten.

MELANIE *wendet sich indessen zu Hermine*: Ich mache Ihnen viel Mühe, meine Liebe, erst mit dem Auspacken, jetzt mit dem Einpacken, behalten Sie dafür diese Bluse. Ich hoffe, sie gefällt Ihnen.

HERMINE: Oh, Euer Gnaden!

Küßt ihr die Hand

JAROMIR *ärgert sich wütend, murmelt*: So vergeuden Sie diese letzten paar Minuten!

MELANIE *wendet sich zu ihm*: Ihnen, Baron Jaromir, kann ich zum Abschied nichts schenken! Im Gegenteil, von Ihnen nehme ich etwas mit — etwas, das mit mir zu nehmen mir sehr viel bedeutet.

JAROMIR *ohne zu achten, was sie sagt, mit einem letzten Wunsch, sie zu sich hinüberzuziehen, leise, während Theo-*

dor und Hermine für einen Augenblick wieder im Toilettenzimmer verschwunden sind: Siehst du dort die kleine Brücke? Sie hätte heute jemandem ein Weg sein sollen — hierher, einem zärtlichen Freund, Melanie! Soll sie umsonst gebaut sein?

MELANIE *laut, da Theodor und Hermine wieder eintreten, beladen mit Kleidern und Mänteln*: Wie sagen Sie, Baron Jaromir? Nein, das Hämmern da draußen auf dem Dach hat mich gar nicht gestört. Ich schlaf nie nachmittags. Ich habe gelesen, nicht wahr, Franz, Sie haben mich lesend gefunden.

THEODOR: Jawohl.

MELANIE: Sie wissen, ich lese ganz selten in Büchern, außer in ganz oberflächlichen, die einem gar nichts nützen, aber manchmal passiert es doch, daß ich durch eine Lektüre auf einmal recht weit vorwärts komme. So etwas ist heute nachmittag passiert. Die Grenze zwischen zärtlich attachierend und frivol ist mir auf einmal ganz klar geworden. Und auch die zwischen dem, was man vielleicht noch entschuldigen könnte, und dem, was einfach unerlaubt ist.

JAROMIR *verstockt*: Ich verstehe Sie absolut nicht.

MELANIE *sehr ernst*: So? Sie verstehen mich nicht? Wirklich, Jaromir? Sie haben hier in diesem Hause mehr als Sie verdienen. Und ich habe anderswo das, was schließlich meine Existenz ist. Darum gehe ich jetzt weg und Sie bleiben hier.

JAROMIR: Ich verstehe kein Wort. Aber ich werde Sie zu meiner Mutter begleiten.

MELANIE *an der Tür*: Nein, ich möchte, daß Sie mich allein gehen lassen und über das, was ich gesagt habe, für sich selber ein bißchen nachdenken,
Sie geht.
— ein ganz kleines bißchen nachdenken!
Jaromir bleibt zurück und stößt zornig die Zigarette in eine kleine Aschenschale, bis sie verlischt.

THEODOR *der ihn mit einem eigentümlichen, undurchdringlichen Ausdruck beobachtet*: Stören wir Euer Gnaden? Sollen wir mit den Koffern ins Nebenzimmer?
Jaromir zuckt zusammen und geht ohne Antwort schnell aus dem Zimmer.

THEODOR *noch bevor die Tür sich schließt, zu Hermine, ohne sie anzusehen*: Sie packen ein — ich sortiere und reiche.

HERMINE *mit ein paar zartfarbigen Kimonos und ähnlichem überm Arm*: Schön ist das!

THEODOR *ohne sie anzusehen*: Du verlierst ja die Augen aus dem Kopf über diesem Zeug! Da — vorwärts!

HERMINE *legts in einen Koffereinsatz*: Wenn man denkt! Das anhaben, da muß eins doch das Gefühl haben, als ob man ein Engerl wäre mit Flügeln hinten.

THEODOR *ebenso*: Was ist da weiter? Da, pack ein diese Fetzen!
Reicht ihr

HERMINE *kniet und packt ein*: Und dabei sollen sie doch nicht viel wert sein, die Gnädigen!

THEODOR: Was redst du da? Mach weiter. Ich habe Zeit nicht gestohlen.

HERMINE *sieht auf*: Ja, vor dir darf ich das nicht sagen. Es wird ja geredet, du bist verliebt in die junge Baronin, deswegen ist dir jetzt unsereins viel zu gewöhnlich!

THEODOR *ohne sie eines Blickes zu würdigen, aber immer so, daß es scheinen kann, er richte, mit dem Sortieren beschäftigt, nur zufällig immer seine Augen anderswohin als auf Hermine*: Das sind Tratschmäuler, erbärmliche. Diese Menschen haben die Unfähigkeit, einen Menschen, wie ich es bin, zu erfassen. Weil ich einen Blick der Liebe und Aufmerksamkeit auf eine menschliche Kreatur wie diese Anna werfe, deswegen glauben sie schon, daß sie mich in ihre Mäuler nehmen können. Auch noch so eine Melanie, wenn ich sie in meinen Armen in die Höhe gehoben mir denke —
Er hat eines von Melanies leichten Abendkleidern in der Hand und zieht flüchtig das Parfüm ein, das davon ausgeht. Die ist ja noch zehntausendmal besser als wie der Gebrauch, den er von ihr macht! Und da hat sie seine Photographie stehen, als wie einen Götzen, ganz ungeniert!
Er wirft ihr das Kleid und noch ein paar andere zum Einpacken hin.
Was kann er denn an einem menschlichen Geschöpf wahr-

nehmen, als das da, diese Seiden — diese Pelze, diese Ba
tiste, diese Chiffons —

Er wirft ihr dergleichen in Haufen zu.

das ist ja sein Um und Auf! Bis dahin reichen seine fün
Sinne — da, diesen parfümierten Fetzen versteht er nach
zulaufen, darauf hat er Appetit — und dazu muß die ganz
Weiblichkeit herhalten und dazu ist eine Stadt nicht groß
genug — da müssen Eisenbahnen her und Hotel muß her
und Dienerschaft muß her, und Schlafwagen her und Auto
mobil und Theater muß her, und eingepackt muß werde
und ausgepackt muß werden und Hetzjagd geht weiter —
und Telephon muß her — und Brieferl werden geschriebe
und Büchel werden gelesen und englisch wird parliert un
französisch und italienisch — und in diese frivole Sprach
schlieft er hinein wie in seidene Pyjama, mit denen er aus
geht auf nächtliche Niederträchtigkeiten. Aber hat er den
eine Seele im Leib, die aus ihm hervorbricht? Ja? Nein
Da! —

Er räumt das unterste Fach einer Kommode mit wilde
Griff aus, es taumeln Stiefeletten und Halbschuhe alle
Arten und Farben ihm entgegen, weiße, graue, schwarze
violette, goldfarbene.

Das ist gaunerische Sprache, auf die er eingelernt — da has
du —

Er nimmt zwei Schuhe auf die Hände und agiert mit ihne
wie mit Puppen

kitzlige Sprache, auf die seine blasierten, schläfrigen, nie
derträchtigen Blicke mit Feuer antworten. Da! Da!

Er schleudert die Schuhe wie Geschosse gegen die Einpak
kende

Das ist oberste Vierhundert! Da! Das ist Blüte der Mensch
heit! Da! Da! Dafür ist Welt geschaffen, von unserem Herr
gott, damit auf oberstem Spitzel er mit seinem von irgend
einem Franz geputzten Lackschuh kann fußeln mit de
Ding da, was ich da in Händen halte. Da! Da! Ah du
Dein Gesicht will ich nicht mehr sehen, dein blasiertes, nie
derträchtiges! So stehst du da in goldenem Rahmel! So!

Er hat blitzschnell Jaromirs Photographie aus dem Rah
men gezogen, reißt sie mitten durch und schiebt sie zer
rissen wieder hinein.

HERMINE *springt zurück*: Was Sie für Augen machen, Herr
Theodor! man könnte sich ja fürchten vor Ihnen! Nein,
was Sie für einer sind!

THEODOR *mit einem Sprung, nimmt sie um die Mitte*: Ists
nicht gut, wenn du dich fürchtest? Bin ich denn böse auf
dich? Dir läufts ja, scheint mir, eiskalt über den Rücken
herunter.

HERMINE *tut, als wolle sie sich ihm entziehen, aber nicht mit
voller Kraft*: Nein, lassen Sie mich! Ich bin ja viel zu gewöhnlich für Sie!

THEODOR *bei ihr*: Ah, wenn ich zu fürchten bin, dann fürchtest du dich zu wenig! Was hast du denn zu der Wallisch
über mich gesagt? Du hast gesagt: meine Männlichkeit
wirkt dir nicht mehr! Du bist mir aus meinen Krallen ge-
schlupft! Ja, da hast du ja ein Sakrilegium begangen!
Plötzlich den Ton wechselnd, mit äußerster Zärtlichkeit
Freilich hast du diese Gemeinheiten gesagt! Aber das ist
mir ja recht! Oh, du gewöhnliche Gewöhnlichkeit du!
Küßt sie
Wer sagt mir denn, daß ich nicht deine Gewöhnlichkeit
mit einer brennenden Liebe rundherum fangen und in die
Höhe heben will?

DER KLEINE JAROMIR *draußen*: Papi! Papi!

HERMINE: Aber lassen Sie mich doch! Draußen is wer! Herr
Theodor!

DER KLEINE JAROMIR *an der Tür, noch außen*: Papi!

THEODOR *ist sofort in Miene und Ton umgewandelt*: So, jetzt
packen Sie zu Ende!
Der kleine Jaromir wird an der Tür hörbar.

HERMINE *halblaut*: Wie kann ich denn jetzt? Jetzt bin ich da
ganz verwirrt!

THEODOR *ebenso, aber sehr stark*: Bei deiner Seele! Kein fri-
voles Wort vor dem Kinde!
Er schiebt sie mit einem Griff ins Toilettenzimmer.

DER KLEINE JAROMIR *tritt herein*: Papi, guten Tag sagen!
*Er sieht sich ängstlich um, dann erst bemerkt er Theodor,
der in der Türnische zum Toilettenzimmer steht, den Rük-
ken gegen die Tür. Theodor lächelt liebreich.*

DER KLEINE JAROMIR *zuerst erschrocken, dann erfreut*: Theodor! Wo ist der Papi? Wo ist der Papi? Ich kann ihn nicht
finden, und Mutti hat mich auch weggeschickt! Wo ist der
Papi?!
*Theodor zeigt mit einer seltsamen Gebärde, er weiß es
nicht. Der kleine Jaromir lächelt.*

THEODOR *einen Schritt hervortretend*: Wie sagt der Zauberer
zu dem Kinde?

DER KLEINE JAROMIR *ängstlich, aber entzückt*: Komm, du
liebes Kind — fürchte dich nicht — ich sehe aus wie ein
gewöhnlicher Mensch —
Stockt

THEODOR: Komm, du liebes Kind, ich habe dich lieb wie Vater
und Mutter, ich verstehe deine Seele, — ich werde mit dir
fliegen —
*Packt den Kleinen blitzschnell, drückt ihn zart und fest an
sich und schwingt sich mit ihm über den Balkon. Der kleine
Jaromir lacht vor Freude.*

Vorhang

FÜNFTER AKT

Die Dekoration des ersten Aufzuges

ERSTE SZENE

Es treten rechts oben ein: Theodor im Frack, mit einem großen Servierbrett, worauf Gläser, Karaffen und silberne Eßbestecke; der Gärtner in grauer Jägerlivree, mit einem gleichen Brett, worauf die Teller und im anderen Teil das Besteck; dann Hermine, schwarz angezogen, mit weißem Häubchen, weißer Schürze und weißen Handschuhen, mit einem gleichen Brett, worauf Tischwäsche. Sie stellen ab und ordnen auf zwei Kommoden links und rechts von der Glastür, die als Anrichte dienen. Hermine nimmt das Tischtuch, geht durch die Glastür und beginnt, einen Tisch für sechs zu decken, der in der Terrasse mittelst, auch in der Mittelachse des Zimmers steht.

THEODOR: Rasch, rasch, beeilen Sie sich! Es muß schnell serviert und gegessen werden, denn dann erfolgt Abreise, schnelle Abreise, sehr schnelle Abreise!

GÄRTNER: Seit wann wird denn jetzt auf der Terrasse serviert, statt im Speisezimmer? Das ist ganz was Neues.
Ab

THEODOR: Erstens ist dies nichts Neues, sondern ganz was Altes, und das geht Sie einen Schmarren an!
Zu Hermine
Und weißt du, wo ich dir heut nacht dein Zimmer anweisen werde? Da droben!
Er zeigt senkrecht nach oben.
Da, wo wir diese Melanie einquartiert haben, da wirst du dich hinaufbegeben, und ich werde diesen Weg —
Er zeigt, wie ein Seiltänzer, der balanciert.
— dort über schwindligem Dach werde ich zu dir kommen, dir einen kleinen Besuch machen, verstanden?

HERMINE: Maria! Da droben schläft doch der Herr Baron, der hört doch alles!

THEODOR: Gerade durch sein Zimmer werde ich meinen Weg
nehmen, und ihn werde ich heut anderswo einquartieren.
So hab ich mir schon überlegt.

HERMINE: Was Sie zusammenreden!

THEODOR *galant und scherzhaft*: Was unterstehst du dich!?
Mir scheint, du hast dich schon zu lange nicht vor mir ge-
fürchtet!

Hermine lacht.

THEODOR: Zuckst du? Na wart! Dir muß ich den Herrn zeigen! Du wirst mich heut in der neuen Bluse empfangen als
Zeichen, daß du dich vor mir fürchtest!

HERMINE: Das werden wir schon sehen.

THEODOR *zärtlich*: Oh, du lachst! Mir scheint, da habe ich
eine boshafte Schlange an meinem Busen aufgewärmt!

BARONIN *von oben rechts*: Theodor, haben Sie eine Ahnung,
wo ich mein Lorgnon liegenlassen habe?

*Theodor von oben rechts, eilt hin, nimmt das Lorgnon von
einem Möbel und überreicht es.*

BARONIN *sehr huldvoll und aufgeheitert*: Was sagen Sie dazu,
Theodor, daß jetzt beide Damen auf einmal abreisen
müssen? Das ist doch eine außerordentliche Überraschung.

THEODOR *mit einer Miene, die alles sagt und doch nichts
preisgibt*: Ich danke untertänigst für gnädige Anerken-
nung.

BARONIN *mit einer leisen Spur von Einverständnis*: Ich habe
ja nichts gesagt.

THEODOR: Haben allergnädigst zu erkennen gegeben.

*General tritt links ein, zuerst schüchtern durch die halb-
geöffnete Tür spähend. Theodor entfernt sich schnell durch
die Glastür, die er hinter sich schließt.*

ZWEITE SZENE

BARONIN *wie sie den General sieht, nickt ihm in guter Laune
zu, indem sie mit dem Kopf hinter sich auf Theodor deutet*: Er bleibt, er hat aus freien Stücken seine Kündigung
zurückgenommen. Heute ist er wieder ganz der alte Theodor! Haben Sie seinen Gang bemerkt?

GENERAL: Das ist der gewisse Gang, den er hat, wenn er mit sich zufrieden ist! Darin liegt ja ein förmlicher Krampf von Hochmut!

BARONIN *gegen die Bank hin*: Eben. In diesem Augenblick habe ich sofort etwas mit ihm abgemacht. Sie wissen, daß mein Mann zu der Zeit, wie er noch Militärattaché in Konstantinopel war, den Theodor überall mitgenommen hat, nach Smyrna, nach Damaskus, ich weiß nicht, wohin noch!

GENERAL *erschrocken*: Amelie! Sie wollen wieder reisen?

BARONIN: Das glaub ich, und nicht mit einer idiotischen Jungfer, der ich auf allen Perrons das Handgepäck nachtragen muß und, wenn sie seekrank wird, den Kopf halten muß. Der Theodor ist ein idealer Reisemarschall, er kennt sich überall aus!

GENERAL: Amelie, ich habe es geahnt, daß Sie wieder reisen wollen.

BARONIN: Ich bin es satt, unter diesem ewigen Regenhimmel Neuralgie zu haben! Ich will noch einmal unter dieser goldenen Luft in einem hellen Kleid auf einer Hotelterrasse sitzen und Minaretts vor mir sehen!

GENERAL: Sie werden zwei, drei Monate wegbleiben?

BARONIN: Ein halbes Jahr hoffentlich!

GENERAL *schüttelt traurig und resigniert den Kopf*: Wie soll ich denn das aushalten?
Steht auf

BARONIN: Und wenn ich Ihnen sage, daß der Theodor selbst, ohne daß ich ein Wort davon gesagt hätte, den Gedanken aufs Tapet gebracht hat, wie es denn wäre, wenn Sie mir nach Smyrna oder Athen entgegenkämen?

GENERAL *in jähem Umschwung zu kindlicher Freude*: Ich darf Ihnen entgegenkommen?!

BARONIN *mit großer Grazie*: Wenn es Ihnen nicht zu unbequem ist, einen Schiffskoffer zu packen.

GENERAL *außer sich vor Freude*: Amelie!
Plötzlich wieder betrübt
Ah, es war der Theodor, der das proponiert hat! Und Sie — —

BARONIN *mit Grazie und Ernst*: Ado, ohne Sie wäre ich doch die gewisse alte Person, die in Kurorten und Hotels ein-

sam und mürrisch dasitzt und von der niemand begreift
wozu sie noch auf der Welt ist!

*Sie reicht ihm die Hand zum Kusse. General mit Tränen
in den Augen, wie er sich über ihre Hand beugt und ihre
Fingerspitzen küßt.*

DRITTE SZENE

ANNA *links oben eintretend*: Oh, — ich habe geglaubt, der —
der Jaromir ist da! Nämlich die Melanie war jetzt bei mir.
Das ist so eine liebe Person. Ich glaube, sie sucht dich! Sie
hat mir versprochen, daß sie im August mit ihrem Mann
wieder herkommt.

MILLI *sieht links herein*: Frau Baronin, Frau Galattis sitzen
im Boudoir droben und Fräulein Am Rain möchte sich
auch verabschieden —

BARONIN: Ich komme!

GENERAL: Wenn Sie erlauben, so gehe ich mit.

Beide links ab

VIERTE SZENE

*Jaromir kommt vorne links, wo jetzt fertig gedeckt ist und
Theodor gerade das Mittelstück mit Blumen auf den Tisch
stellt. Anna hat Jaromir gesehen und wartet, sie steht an der
Seite rechts. Jaromir, ärgerlich und zerstreut, will quer durch
das Zimmer gehen und bemerkt Anna nicht gleich.*

ANNA: Jaromir!

JAROMIR: Ah, du!

ANNA: Du bist verstimmt über etwas?

JAROMIR: Ich komme aus dem Stall. Sie haben aus irgendeinem
Grunde den kleinen Zweispänner eingespannt, in dem aller-
höchstens für drei Personen Platz ist! Das bedeutet doch,
da man die zwei Frauen nicht ohne jede Begleitung weg-
fahren lassen kann, daß ich allein mitfahren muß. Eine
dumme, irritierende Sache! Es kommt einem alles zusammen!

ANNA: Was denn noch, Jaromir? Sag mirs!

JAROMIR: Mir ist ein Manuskript verlorengegangen, die erste
provisorische Niederschrift von meinem neuen Roman. Verloren oder verlegt, jedenfalls ist es nicht da! Und wenn ich
den Roman überhaupt noch schreiben will, so ist es mir un-
entbehrlich.

Setzt sich auf die Bank

ANNA: Verloren kanns ja nicht sein. Wenn dus vor kurzem
noch gehabt hast, so ist es eben verlegt! Geh morgen früh
spazieren und laß mich während dieser Zeit suchen. Ich
werde es finden.

JAROMIR: Hast du denn schon einen Anhaltspunkt?

ANNA: Nicht den geringsten. Aber ich weiß bestimmt, Jaromir, wenn ich etwas, was du brauchst, für dich suche, so
werde ich es finden.

JAROMIR: Da brauch ich also nie mehr den heiligen Anton
von Padua anzurufen, sondern dich! Um so besser!

Aufstehend

Auf Wiedersehen. Ich gehe! Ich muß die Damen begleiten.

ANNA: Ich bitte dich, hab einen Moment Zeit für mich, du
mußt sie dir nehmen! Ich muß dir etwas sagen!

Vor dem Tisch

JAROMIR: Ist dir etwas? Du bist ein bisserl blaß.

ANNA: Ich habe einen sehr argen Tag durchgemacht!

JAROMIR: Ist mit der Baby was los?

ANNA: Nein, ganz anders, in mir.

JAROMIR: Du hast auch Komplikationen? Seit wann denn?

ANNA: Hör mich an, Jaromir, ich bin eine ganz mindere Person. Ich bin gar nicht das, wofür du mich nimmst. Du mußt
mich führen mit einer sehr strengen, festen Hand. Ich hab
schon gestern abend und heute von früh an, ich hab ganz
die Gewalt über mich verloren! Ich habe gegen ganz was
Niedriges, ganz Unwürdiges in mir nicht mehr ankämpfen
können, — ich war eifersüchtig.

JAROMIR: Auf die Melanie?

ANNA: Ja, auf die Melanie! Aber zugleich auch auf die Marie!
Lach mich nur aus, auf beide!

JAROMIR *mit etwas gekünstelter Heiterkeit*: Aber das ist ja
eine ernste Krankheit, mein Schatz!

ANNA: Ja, es war sehr ernst! Denn es hat mich so weit getrieben, daß ich mich nicht geschämt habe, etwas zu tun
was ich mich so sehr schäme, dir einzugestehen, aber e
muß heraus!

JAROMIR: Ja, was denn?

ANNA: Ich habe gehorcht!

JAROMIR: Ah, ah!

Runzelt die Stirn

ANNA: Du bist bös, — du hast recht! Straf mich! Ich habs verdient —

Da Jaromir nichts sagt, fortfahrend

Heute früh warst du mit der Melanie hier im Park, und
da hab ich mich in der Orangerie versteckt und habe gehorcht —

JAROMIR: Und?

ANNA: Mir war, als hätte ich dich ihr du sagen gehört.

Lächelt

Aber jetzt weiß ich ja, daß ich mich geirrt habe. Und plötzlich habt ihr viel leiser zu sprechen angefangen, und da
bin ich aus Stolz mit einem Ruck heraus aus dem Haus.
Dann haben wir zu Mittag gegessen, und dann bin ich mit
der Mama und der Melanie ausgefahren und dann war der
Tee, und diese ganze Zeit über habe ich dich doch verloren
gehabt.

JAROMIR: Mich verloren?

ANNA: Ja, ich bin herumgegangen und habe gehört, was die
anderen reden, und habe die richtigen Antworten gegeben.
Aber überall zwischen mir und allen Dingen habe ich
etwas gesehen, was dir ähnlich war und doch nicht du! Ich
kann es nicht anders sagen: wie ein in Fetzen gerissenes
unheimliches Bild von dir.

Fährt mit der Hand über ihre Augen

JAROMIR: Aber, das ist ja ein Fiebertraum! Und man hat
dir ja gar nichts angemerkt, du Kleines, du armes Kleines!

ANNA: Da hab ich einen Augenblick geglaubt, daß ich es auch
ertragen könnte, wenn es sein müßte, — und auch ohne
dich leben könnte! Aber dann, wie mir die Baby ihre kleinen Arme entgegengehoben hat, da ist mir eingefallen, daß
du das Kind seit zwei Tagen mit keinem Blick angeschaut

hast. Und da ist etwas über mich gekommen, Jaromir, etwas so Furchtbares, so, wie wenn gar nichts mehr in der Welt zu mir gehören würde, auch meine Hände nicht, meine Füße nicht, auch mein Gesicht nicht!

JAROMIR *zieht sie an sich*: Aber wie hast du dir denn diese Geschichte so zu Herzen nehmen können?

ANNA *entzieht sich ihm sanft*: — und da hab ich gewußt, wenn ich jetzt nicht gleich zu unserem Herrgott beten kann, daß er dich mir wiedergibt, so bin ich verloren!

JAROMIR: Aber ich gehöre doch zu dir und du gehörst zu mir!
Vor sich
O nie, nie wieder!

ANNA: Aber richtig beten hab ich auch nicht mehr können, nur d a s denken und mich so zu ihm hinfallen lassen —

JAROMIR *wie oben*: Da, zu mir, wo du hingehörst!

ANNA: — und er hat mich erhört! In der Sekunde, und hat dich mir wiedergegeben!

JAROMIR: Wie denn, du Engel?

ANNA: Ich habe gespürt, er schickt dich von irgendwoher ganz zu mir zurück, unverlierbar —

JAROMIR: Und nie wieder kann uns etwas auseinanderreißen!

ANNA *hat sich sanft aus Jaromirs Arm gelöst, sie spricht jetzt in leichtem fröhlichem Ton weiter*: Und dann hab ichs klopfen gehört, und auf einmal ist die Melanie dagestanden und dann ist auch die Marie gekommen, auch, mir adieu zu sagen, und beide waren so lieb!

JAROMIR: Du bist lieb! Du bist mein einziges, süßes Liebstes auf der Welt!

ANNA *wie oben*: Die Marie ist ein besonderes Wesen, so ein Herz, und die Melanie ist so was Loyales, Aufrichtiges, Gescheites, Hübsches!

JAROMIR: D u bist alles, d u, nur d u!

ANNA: Und da hab ich alles verstehen können!

JAROMIR: Was denn?

ANNA: Alles, alles auf einmal! Das weiß ich doch, daß diese beiden Frauen sehr an dir hängen und daß man darüber geredet hat, und eben wegen der Leute hast du wollen, daß sie beide einmal hier bei uns gewesen sind — — nur aus Güte und Zartgefühl für sie beide!

JAROMIR: Das kann ich doch gar nicht alles anhören!
Küßt sie heftig

ANNA: Damit sie fühlen, daß, wenn du sie schon nicht has
wählen können, du sie doch sehr hochstellst und imme
stellen wirst. Und ich, ob ich sie nun viel oder wenig seher
werde, ich bin ihnen jetzt schon so anhänglich — — ich ha
doch gespürt, wie sie beide sind.

JAROMIR: Ich hab gespürt, was du bist! In dieser Stunde s
wie nie.

ANNA *zwischen Lachen und Weinen*: Nicht, ich bitt dich
nicht!

JAROMIR: Und hörst du, ich will nicht, daß du das Manuskrip
suchst.
Küßt sie
Und wenn ich es finde, so wird es verbrannt, ich brauche
es nicht. Ich will es nicht. Nie wieder, das ist alles nur ein
eitle, unwahre Grimasse! Ein abscheuliches Überbleibse
aus meiner zu langen Junggesellenzeit! Das brauch ich
nicht.
Küßt sie
Das will ich nicht haben. Dich will ich haben, dich!

ANNA *zwischen Lachen und Weinen, entzieht sich ihm*: Sag
kein Wort mehr! Kein Wort! Sonst muß ich sofort heuler
wie ein Hofhund beim Aveläuten —

THEODOR *ist wieder auf der Terrasse erschienen*: Herr Baron
die Damen sind in Abreise begriffen —

JAROMIR *überhört die Meldung*: Ich muß dir so viel sagen
Heute noch, heute, sag doch wann?

ANNA: Laß mich, es ist zuviel!
*Theodor steht in der Mitte. Anna, sehr erregt, und den
Weinen nahe, weicht Jaromir aus bis an die äußerste vor
dere Ecke. Sie läuft rechts hinaus.*

THEODOR *nähert sich Jaromir*: Dürfte ich jetzt etwas melden
JAROMIR: Was denn?

THEODOR *sich umwendend, ob niemand horche*: Ich hab mi
erlaubt, unvorgreiflich eine provisorische Anordnung z
treffen.

JAROMIR: Was denn, das geht doch alles die Mama an.

THEODOR: Nein, das geht Herrn Baron persönlich an! Ich
habe in Erwägung gezogen, daß Herr Baron nicht gerne

haben, wenn Gesellschaft aus drei Personen besteht, besonders wenn Damen sind, wo man doch gewöhnt ist, mit jeder einzelnen sich zu unterhalten.

Tritt näher

JAROMIR: Was wollen Sie denn, wovon reden Sie denn?

THEODOR: Demgemäß habe ich nachgedacht, wie peinliche Situation bei so einem Abschied sich in manierlicher Weise vermeiden ließe, und hab für alle Fälle im Stall befohlen, die Mascotte zu satteln. Es ist schöner Mondschein, Euer Gnaden können zeitweise Trab reiten neben dem Wagen, zeitweise wieder Galopp und Schritt quer über Wiesen, so ist man in Gesellschaft und ist doch für sich allein —

JAROMIR: Das ist ja eine wunderbare Idee! Franz! Sie sind ein außerordentlich gescheiter Mensch! Ich danke Ihnen sehr, Franz! Da brauche ich mich nun nicht umzuziehen. Ich sehe, daß Sie mir Ihre alte Anhänglichkeit bewahrt haben —

FÜNFTE SZENE

GÄRTNER *von oben rechts, meldet dem Theodor:* Die Mascotte ist gesattelt!

Gleichzeitig mit dem Gärtner ist die Baronin aufgetreten, die die Meldung hört. Marie, Melanie, General, Dienerpersonal folgen ihr.

THEODOR: Vorführen!

BARONIN: Wer reitet denn aus, jetzt so spät abends?

THEODOR: Der Herr Baron wird die Damen begleiten zu Pferd!

BARONIN *zu den Damen:* Ich wußte es ja, natürlich begleitet Sie der Jaromir!

MELANIE: Ich wußte gar nicht, daß Fräulein Am Rain auch abreist?

Melanie und Marie ziehen ihre Mäntel an, die ihnen die Jungfer und die Beschließerin reichen. Theodor nimmt der Beschließerin mit einem geringschätzigen Blick Maries Mantel aus der Hand und hilft Marie hinein. Brocken von Gespräch währenddessen.

ANNA *zu Marie:* Jedenfalls schickst du uns gleich eine Nachricht, wie du deinen Vater gefunden hast, obwohl ich ja

ein so gutes Gefühl habe, daß du ihn viel wohler finden
wirst als du hoffst.

GENERAL: Ich beneide Jaromir um diesen Ritt im Mond über
die Auwiesen. Wenn ich denke, daß ich drei Jahre auf
keinem Pferd gesessen bin — wirst du mir nächstens die
Mascotte für einen Morgenritt anvertrauen?

JAROMIR: Es wird für mich und für die Mascotte die größte
Auszeichnung sein.

Zu Melanie, ihr in den Mantel helfend

Sie haben recht gehabt, tausendmal recht!

MELANIE: Gottlob, daß Sie das einsehen!

BARONIN *zu Marie, die, völlig angezogen, etwas abseits steht,
sehr gütig:* Und wir beide haben doch kaum ein Wort miteinander gesprochen, das tut mir sehr leid!

MARIE *nicht mehr imstande, ihre Tränen zurückzuhalten,
beugt sich über ihre Hand und küßt sie:* O danke, danke!

ANNA *zu Jaromir, auch abseits der übrigen:* Hast du deine
Handschuhe und den Reitstock? Ich bringe sie dir!

Ab ins Haus

GENERAL: Meine Damen, es ist die höchste Zeit, wenn Sie
den Zug erreichen wollen!

BARONIN: Daß dieser Aufenthalt nur so kurz war, ist wirklich eine schmerzliche Überraschung für uns.

Geht ab

JAROMIR *dem Anna Hut, Reitstock und Handschuhe gebracht
hat:* Anna, wenn ich dir sagen könnte, wie ich dich sehe!
Seit du hier so zu mir gesprochen hast — wie ich dich sehe,
so eine Seligkeit!

ANNA *mit süßer Freude:* Du — mich — wirklich? Du mich
auch? Ja, von was kommt denn das?

JAROMIR: Das Ganze ist so unbegreiflich! Ich werde nie imstande sein, etwas so Ungeheueres zu verstehen, — wie
es heut in mir zustande gekommen ist, und hinter dem
Ganzen, wenn ich jetzt bedenk, liegt so eine Planmäßig-
keit, als ob jemand es darauf angelegt hätte, mich zu mir
selber zu bringen und dadurch auch ganz zu dir — aber
wer?

ANNA: Wer? Halt der, durch den alles geschieht! Was er für
Werkzeuge dazu gebraucht, das können wir ja nie durch-
schauen!

JAROMIR: Anna!
  Küßt ihr die Hand
ANNA *will sie wegziehen*: Nicht! Ich bins heute nicht mehr
  wert!
JAROMIR: Du — nicht wert? Ah Gott!
STIMME DER BARONIN *über die Terrasse her*: Jaromir! Jaro-
  mir!
JAROMIR: Wie soll ich denn jetzt weg?
ANNA: Du mußt aber weg, und ich muß hinauf!
JAROMIR: Wie ist denn die Baby jetzt? Schläft sie unruhig?
ANNA: Nur die erste Stunde. Dann so fest, daß sie nichts
  hört, aber gar nichts!
JAROMIR: Ja, dann darf ich also zu dir kommen?
ANNA *versteht, was sie gesagt hat ohne es sagen zu wollen,
  schämt sich sehr*: Jetzt schäm ich mich, daß ich das so ge-
  sagt hab! Ich habe ja gar nicht an das gedacht!
THEODOR *über die Terrasse*: Herr Baron, es ist die höchste
  Zeit! Die Damen sitzen im Wagen.
JAROMIR *reißt sich los*: Darf ich kommen — über die Wendel-
  treppe? Laß mir die Tür offen. Wirst du, ja? Auch, wenn
  ichs nicht verdient habe!?
  Läuft weg, bleibt nochmals stehen
  Du!
  Läuft schnell fort. Anna nickt und steht wie betäubt.

SECHSTE SZENE

*Theodor betrachtet Anna, schließt dann die Glastür und ver-
riegelt sie mit einem Balken. Hermine erscheint leise an der
Tür links, vorsichtig. Sie hat weder Schürze noch Häubchen,
noch Handschuhe, sondern sie trägt die hübsche neue Bluse
und eine Blume im Haar. Theodor deutet ihr, daß Anna da
ist. Hermine macht ein Mäulchen, als sei sie eifersüchtig.
Theodor mit einer gebietenden Bewegung weist sie nach
oben, sich in ihr Zimmer zu verziehen. Dann deutet er lächelnd an, er werde wie ein Kater geklettert kommen, dann
jagt er sie weg mit einem Wink. Hermine verschwindet und
verschließt die Tür, alles hinter Annas Rücken.*

ANNA *dreht sich auf das Geräusch der zugehenden Tür rasch um*: Ah, Sie sinds, Theodor?

THEODOR *ihr etwas näherkommend*: Es ist sehr gütig, daß Euer Gnaden mich mit meinem richtigen Namen bezeichnen. Darin liegt eine gütige Seele ausgesprochen. Dafür bitte ich diese —

Mit einer kleinen Überlegung

oder vielmehr künftige Nacht für Euer Gnaden zu unserem Herrgott beten zu dürfen.

ANNA *nach einer Sekunde*: Haben Sie zugesperrt?

THEODOR: Sehr wohl, ich melde untertänigst, es ist alles in Ordnung.

ANNA *wendet sich zum Gehen, etwas geziert*: Aber der Herr Baron muß noch herein.

THEODOR: Da hab ich Licht brennen lassen an der kleinen Nebentür und auf der Wendeltreppe.

ANNA: Ah, dort? Weiß das der Herr Baron?

THEODOR: Er wird das Licht schon sehen und sich demgemäß dorthin wenden. Ich habe gemeint, Herr Baron wird Wunsch haben, nach zwei so unruhigen, gestörten Tagen die beiden Kinder anzuschauen, ob sie ruhig schlafen —

ANNA: Ah, gut, danke!

Sieht ihn lächelnd an.

THEODOR: Es sind Euer Gnaden die irdischen Dinge sehr gebrechlich. Es kann auch eine sehr starke Hand keine Schutzmauer aufbauen für ewige Zeiten um ihre anbefohlenen Schützlinge. Aber ich hoffe, solange ich hier die Aufsicht über das Ganze in Händen behalte, wird demgemäß alles in schönster Ordnung sein!

Vorhang

Hugo von Hofmannsthal
Gesammelte Werke in zehn Einzelbänden

Herausgegeben von Bernd Schoeller in Beratung mit Rudolf Hirsch

Gedichte – Dramen I (1891–1898)
Band 2159

Dramen II (1892–1905)
Band 2160

Dramen III (1893–1927)
Band 2161

Dramen IV (Lustspiele)
Band 2162

Dramen V (Operndichtungen)
Band 2163

**Dramen VI (Ballette – Pantomimen
Bearbeitungen – Übersetzungen)**
Band 2164

**Erzählungen – Erfundene
Gespräche und Briefe – Reisen**
Band 2165

Reden und Aufsätze I (1891–1913)
Band 2166

Reden und Aufsätze II (1914–1924)
Band 2167

**Reden und Aufsätze III
(1925–1929) Aufzeichnungen**
Band 2168

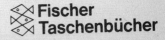
Fischer
Taschenbücher

Theatertexte
Hörspiele

Edward Albee
Wer hat Angst vor
Virginia Woolf . . . ?
Ein Stück in drei Akten.
Deutsch von Pinkas Braun
Bd. 7015

Elias Canetti
Dramen
Hochzeit / Komödie der
Eitelkeit / Die Befristeten
Bd. 7027

Hörspiele
Ilse Aichinger / Ingeborg
Bachmann / Heinrich Böll /
Günter Eich / Wolfgang
Hildesheimer / Jan Rys
Nachwort: Ernst Schnabel
Bd. 7010

**Fischer
Taschenbuch Verlag**

Samuel Beckett
Fünf Spiele

Endspiel – Das letzte Band – Spiel –
Spiel ohne Worte 1 und 2 – Glückliche Tage
Bd. 7001

Hugo von Hofmannsthal
Der Schwierige /
Der Unbestechliche
Zwei Lustspiele
Bd. 7016

Jedermann
Das Spiel vom Sterben des
reichen Mannes
Bd. 7021

Arthur Miller
Hexenjagd /
Der Tod des Handlungs-
reisenden
Bd. 7008

Samuel Beckett
Fünf Spiele
Endspiel – Das letzte Band –
Spiel – Spiel ohne Worte
1 und 2 – Glückliche Tage
Band 7001

John Osborne
Blick zurück im Zorn
Theaterstück in drei Akten
Bd. 7030

Theatertexte
Hörspiele

Oskar Panizza
Das Liebeskonzil
Eine Himmelstragödie in
5 Aufzügen
Bd. 7024

Arthur Schnitzler
Liebelei / Reigen
Nachwort: Richard Alewyn
Bd. 7009

Franz Werfel
Jacobowsky und der Oberst
Komödie einer Tragödie
Bd. 7025

Thornton Wilder
Unsere kleine Stadt
Schauspiel in drei Akten
Bd. 7022

*Wir sind noch einmal
davongekommen*
Schauspiel in drei Akten
Neuausgabe
Bd. 7029

Tennessee Williams
*Endstation Sehnsucht /
Die Glasmenagerie*
Zwei Theaterstücke
Bd. 7004

Stefan Bodo Würffel (Hrsg.)
Hörspiele aus der DDR
von Wolfgang Kohlhaase,
Günter Kunert, Heiner
Müller, Gerhard Rentzsch,
Rolf Schneider u. a.
Bd. 7031

Carl Zuckmayer
*Der Hauptmann von
Köpenick*
Ein deutsches Märchen in
drei Akten
Bd. 7002

*Der fröhliche Weinberg /
Schinderhannes*
Zwei Stücke
Bd. 7007

Des Teufels General
Bd. 7019

Der Rattenfänger
Eine Fabel
Bd. 7023

**Fischer
Taschenbücher**

Arthur Schnitzler

Die vollständige Werkausgabe im Fischer Taschenbuch Verlag

**Gesammelte Werke
in Einzelausgaben**

Das erzählerische Werk

Band 1
U. a. Der Sohn. Die drei
Elixiere. Der Empfindsame.
Band 1960

Band 2
U. a. Die Toten schweigen.
Leutnant Gustl. Legende.
Band 1961

Band 3
U. a. Die Weissagung.
Das Tagebuch der Rede-
gonda. Doktor Gräsler,
Badearzt.
Band 1962

Band 4
Der Weg ins Freie.
Band 1963

Band 5
U. a. Casanovas Heimfahrt.
Flucht in die Finsternis.
Fräulein Else.
Band 1964

Band 6
U. a. Traumnovelle. Spiel im
Morgengrauen. Der
Sekundant.
Band 1965

Band 7
Therese.
Band 1966

Das dramatische Werk

Band 1
U. a. Alkandi's Lied. Das
Märchen. Liebelei.
Band 1967

Band 2
U. a. Reigen. Das Vermächt-
nis. Parcelsus.
Band 1968

Band 3
U. a. Der grüne Kakadu. Der
Schleier der Beatrice.
Sylvesternacht.
Band 1969

Band 4
U. a. Der einsame Weg.
Zwischenspiel. Der Ruf des
Lebens.
Band 1970

Band 5
U. a. Komtesse Mizzi oder
der Familientag. Die
Verwandlung des Pierrot.
Der junge Medardus.
Band 1971

Band 6
Das weite Land. Der
Schleier der Pierrette.
Professor Bernhardi.
Band 1972

Band 7
Komödie der Worte. Fink
und Fliederbusch. Die
Schwestern oder Casanova
in Spa.
Band 1973

Band 8
Der Gang zum Weiher.
Komödie der Verführung.
Im Spiel der Sommerlüfte.
Band 1974

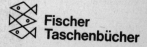

**Fischer
Taschenbücher**

Stefan Zweig

Balzac
S. Fischer Sonderausgabe
430 S. Ln.
Fischer Taschenbuch 2183

Briefe an Freunde
421 S. Ln.

Die Dramen
875 S. Ln. in Schuber

Erstes Erlebnis
Vier Geschichten aus
Kinderland. Nachwort
Richard Friedenthal.
Fischer Bibliothek,
223 S. geb.

**Ein Gewissen gegen die
Gewalt. Castellio gegen
Calvin**
208 S. geb.

Heilung durch den Geist
346 S. Ln.

Joseph Fouché
Bildnis eines politischen
Menschen.
S. Fischer Sonderausgabe.
286 S. Ln.
Fischer Taschenbuch 1915

Legenden
Nachwort Alexander Hilde-
brand. Fischer Bibliothek,
239 S. geb.

Magellan
Der Mann und seine Tat.
Fischer Taschenbuch 1830

Maria Stuart
Biographie einer Königin.
Fischer Taschenbuch 1714

Marie Antoinette
Biographie einer Königin.
Fischer Taschenbuch 2220

Meisternovellen
S. Fischer Sonderausgabe
402 S. Ln.

Phantastische Nacht
Vier Erzählungen.
Fischer Taschenbuch 45

Schachnovelle
Nachwort Siegfried Unseld.
Fischer Bibliothek,
127 S. geb.
Fischer Taschenbuch 1522

**Sternstunden der
Menschheit**
Zwölf historische Miniaturen.
S. Fischer Sonderausgabe.
256 S. Ln.
Fischer Taschenbuch 595

**Triumph und Tragik des
Erasmus von Rotterdam**
S. Fischer Sonderausgabe.
212 S. und 16 S. Abb. Ln.

Ungeduld des Herzens
S. Fischer Sonderausgabe.
397 S. Ln.
Fischer Taschenbuch 1679

Verwirrung der Gefühle
und andere Erzählungen
Fischer Taschenbuch 2129

Die Welt von Gestern
Erinnerungen eines
Europäers. S. Fischer
Sonderausgabe. 400 S. geb.
Fischer Taschenbuch 1152

S. Fischer · Fischer Taschenbücher

Klassiker der Moderne

Joseph Conrad
Der Nigger von der
»Narzissus«. Band 2054

Der Freibeuter
Band 2055

Der Verdammte der Inseln
Band 2056

Almayers Wahn
Band 2057

Knut Hamsun
Vagabundentage und andere
Erzählungen. Band 2065

Ernest Hemingway
Wem die Stunde schlägt
Band 408

Hermann Hesse
Schön ist die Jugend
Band 1273

Hugo von Hofmannsthal
Das Märchen der 672. Nacht/
Reitergeschichte/Das Erlebnis
des Marschalls von
Bassompierre. Band 1357

Deutsches Lesebuch
Eine Auswahl deutscher Prosa
aus dem Jahrhundert
1750–1850. Band 1930

Gesammelte Werke in
10 Einzelbänden
Herausgegeben von Bernd
Schoeller in Beratung mit
Rudolf Hirsch.
Band 2159–2168

Franz Kafka
Das Urteil und andere
Erzählungen. Band 19

Amerika. Band 132

Der Prozeß. Band 676

Das Schloß. Band 900

Sämtliche Erzählungen
Band 1078

Beschreibung eines Kampfes
Band 2066

Heinrich Mann
Zwischen den Rassen
Band 1812

Thomas Mann
Königliche Hoheit. Band 2

Der Tod in Venedig und
andere Erzählungen. Band 54

Herr und Hund. Band 85

Lotte in Weimar. Band 300

Bekenntnisse des Hoch-
staplers Felix Krull. Band 639

Buddenbrooks. Band 661

Der Zauberberg. Band 800

Joseph und seine Brüder
3 Bände. Bd. 1183–1185

Doktor Faustus. Band 1230

Tonio Kröger/Mario und der
Zauberer. Band 1381

Der Erwählte. Band 1532

Die Erzählungen
2 Bände. Bd. 1591/1592

Essays. 3 Bände
Literatur. Band 1906
Politik. Band 1907
Musik und Philosophie.
Band 1908

Klassiker der Moderne

Arthur Schnitzler
Casanovas Heimfahrt
Band 1343

Gesammelte Werke in Einzelausgaben. 15 Bände.
Bd. 1960–1974

Franz Werfel
Das Lied von Bernadette
Band 1621

Die Geschwister von Neapel
Band 1806

Der Abituriententag
Band 1893

Der Tod des Kleinbürgers
Band 2060

Verdi. Band 2061

Die vierzig Tage des Musa
Dagh. Band 2062

Virginia Woolf
Orlando. Band 1981

Mrs. Dalloway. Band 1982

Zwischen den Akten
Band 1983

Die Dame im Spiegel
Band 1984

Die Fahrt zum Leuchtturm
Band 2119

Die Jahre. Band 2120

Die Wellen. Band 2121

Carl Zuckmayer
Herr über Leben und Tod
Band 6

Der Seelenbräu. Band 140

Als wär's ein Stück von mir
Band 1049

Eine Liebesgeschichte
Band 1560

Die Fastnachtsbeichte
Band 1599

Engele von Loewen und
andere Erzählungen
Band 1729

Stefan Zweig
Phantastische Nacht. Band 45

Sternstunden der Menschheit
Band 595

Die Welt von Gestern
Band 1152

Schachnovelle. Band 1522

Ungeduld des Herzens
Band 1679

Verwirrung der Gefühle
Band 2129

Fischer Taschenbücher

Die Memoiren eines genialen Musikers

Arthur
Rubinstein
Mein
glückliches
Leben
Erinnerungen

Einer der berühmtesten Musiker unseres Jahrhunderts erinnert sich. Der große Pianist schildert seinen Weg zum Weltruhm. Die Memoiren beginnen mit dem 1. Weltkrieg. Freimütig erzählt Rubinstein von seinen zahlreichen Freundschaften und Amouren, ungeniert, doch niemals verletzend oder indiskret. Im 2. Weltkrieg findet er eine neue Heimat in den USA. Dort trifft er auch Thomas Mann, der Rubinsteins immer wiederkehrenden Ausspruch vermerkt hat: „Ich bin ein glücklicher Mensch."

S. Fischer

Literatur der Gegenwart

Literatur der Gegenwart

Literatur der Gegenwart

**Fischer
Taschenbücher**